Padres ... hijos tiranos

en
éjar

La Dra. **Evelyn Prado Maillard** realizó estudios de licenciatura en Psicología y maestría en Desarrollo Organizacional en la Universidad de Monterrey. Es maestra certificada por el estado de Texas en las áreas de educación primaria, educación bilingüe y el programa de inglés como segundo idioma. Obtuvo el doctorado (Ph. D.) en Asesoría Psicológica en la Kensington University. Actualmente es profesora en la licenciatura y la maestría en educación y ejerce profesionalmente a nivel privado en las áreas de cosultoría, asesoría y tutorías educativa y psicológica.

El Dr. **Jesús Amaya Guerra** realizó estudios de licenciatura en Ciencias de la Educación y maestría en Desarrollo Organizacional en la Universidad de Monterrey (UDEM). Estudió una especialización en Kinesiología y Disfunción Cerebral en el Centro de Investigaciones Biopedagógicas, en México, D. F. Obtuvo el doctorado (Ph. D.) en Currículum e Instrucción y cursó estudios posdoctorales en Investigaciones Cerebrales en el programa de Velma E. Schimdt en la Universidad del Norte de Texas. Actualmente es profesor titular en la licenciatura y la maestría en Ciencias de la Educación en la Universidad de Monterrey.

Trabajo de los autores

Estrategias de aprendizaje para universitarios. Una visión constructivista, Editorial Trillas, México, D.F., 2002.

Padres obedientes, hijos tiranos

Una generación
preocupada
por ser amigos
y que olvidan
ser padres

Evelyn Prado de Amaya
Jesús Amaya Guerra

EDITORIAL
TRILLAS

México, Argentina, España,
Colombia, Puerto Rico, Venezuela

Catalogación en la fuente

Prado de Amaya, Evelyn
   Padres obedientes, hijos tiranos : una generación
preocupada por ser amigos y que olvidan ser padres. --
México : Trillas, UDEM, 2003 (reimp. 2005).
   115 p. : il. ; 23 cm.
   Bibliografía: p. 109-110
   Incluye índices
   ISBN 968-24-6828-0

   1. Niño, Estudio del. 2. Padres e hijos - Aspectos
psicológicos. 3. Psicología social. I. t.

   D- 306.87019'P665p   LC- PF723.P25'P7.6   3862

Derechos reservados
© 2003, Editorial Trillas, S. A. de C. V.,
División Administrativa, Av. Río Churubusco 385,
Col. Pedro María Anaya, C. P. 03340, México, D. F.
Tel. 56884233, FAX 56041364

División Comercial, Calz. de la Viga 1132, C.P. 09439
México, D. F., Tel. 56330995, FAX 56330870

www.trillas.com.mx

Miembro de la Cámara Nacional de la
Industria Editorial, Reg. núm. 158

Primera edición, abril 2003 (ISBN 968-24-6828-0)
   Reimpresiones, junio, julio, septiembre y noviembre 2003,
enero, marzo, junio, septiembre 2004, marzo y junio 2005

Decimoprimera reimpresión, julio 2005

Impreso en México
Printed in Mexico

Prólogo

Agradezco enormemente la invitación de los doctores Jesús Amaya y Evelyn Prado de Amaya* para escribir el prólogo de esta obra, en la cual exhiben un excelente trabajo de investigación aplicada en el terreno de la educación y la familia.

Ambos autores poseen vastos conocimientos y una rica experiencia en el campo de la formación de las personas a partir de la célula fundamental, la familia, en cuyo seno éstas pueden alcanzar su plenitud.

PADRES OBEDIENTES, HIJOS TIRANOS es una obra que será de gran beneficio para los padres de familia y los educadores de niños, adolescentes e, incluso, de jóvenes.

En la introducción los autores exponen las diferencias generacionales que ha sufrido la familia, que van desde la transformación de la "generación oyente" de nuestros abuelos (con el arribo de la radio a los hogares), a la "generación visual" (producto de la televisión), que es la actual. Otros cambios socioculturales han contribuido también a estas diferencias, cuyos resultados son tres generaciones que cambiaron la dinámica de la familia, a saber: la *generación silenciosa*, la *generación de padres obedientes* (o *baby boomers*) y la *generación de los hijos tiranos*.

Con suma claridad los autores describen a las generaciones cuyos descendientes son resultado de la forma en que fueron educados y las circunstancias en que vivieron.

---

*El doctor Jesús Amaya tiene un doctorado en Educación y la doctora Evelyn Prado Amaya, en Counseling.

La primera es la generación de personas nacidas entre 1935 y 1950; es ésta la "generación silenciosa", que vivió una disciplina estricta y procreó seres obedientes, incapaces de cuestionar decisiones, tanto en el área laboral, como en el seno familiar. En la familia, los hijos siempre obedecían y respetaban tanto a los padres como a los abuelos y tíos; en suma, se trata de una generación en la que tanto los padres como los hijos eran silenciosos.

Hacia 1960 empezaron las transiciones sociales. Las personas nacidas entre 1951 y 1984, los *baby boomers*, crecieron en una época de rebeldía, con el *Rock and Roll*, la televisión, la liberación femenina y el gran impacto de la información y la tecnología; todo ello provocó grandes cambios en los valores, y lo pragmático remplazó a la lealtad y el compromiso.

Justamente, los nacidos en esos años son a quienes los autores llaman "generación de padres obedientes", cuya prole inicia (a partir de 1985), el imperio de la "generación de hijos tiranos".

Los hogares de estos niños ya no tienen, necesariamente, la forma tradicional de familia nuclear, es decir, aquella conformada por padre, madre e hijos; ahora, por lo general, ambos padres trabajan, o bien la cabeza de familia la conforma el padre o madres solteros, divorciados o separados; algunos niños –incluso– viven con otros familiares cercanos. Según los autores, estos niños "esperan ser guiados, pero no supervisados u obligados a obedecer, pues consideran la vida como algo que debe disfrutarse cada momento y que realizar cosas exija el mínimo esfuerzo". Esta generación pasó, pues, de una tendencia problemática a una tendencia fundamentalmente hedonista, es decir, que busca placer y comodidad.

Entre la gran variedad de temas de interés que en el libro se exponen cabe destacar los siguientes.

En el capítulo 1. "Transformación social, familiar y de valores", se describe cómo la familia numerosa ha sido remplazada por familias pequeñas, y cómo existe la creencia de que por ese mero hecho sus integrantes "viven mejor", sin considerar las limitaciones o desventajas que esta moderna conformación familiar pueda tener, ya que el niño de las familias pequeñas suele ser intolerante, individualista, demandante de acción inmediata, y tiende hacia el aislamiento y el hedonismo. Y los padres, al preocuparse por satisfacer cualquier capricho de los hijos, se convierten en "padres obedientes de sus hijos".

En el capítulo 2 se amplía la información sobre los "padres obedientes", fruto de la generación silenciosa que sufrió el peso de una autoridad absoluta y cuya reacción frente a sus hijos era evitar ser vistos como autoridad: prefieren que se les vea como amigos y compañeros y no imponen reglas por temor a que sus hijos "sufran" y "se frustren", sin valorar las implicaciones que esto pueda tener en la formación de los niños.

En relación con la "Generación de hijos tiranos", tema del capítulo 3, leemos que esta situación se ve favorecida por los cambios en la estructura familiar, ya comentados; como explican los autores, los niños que crecen bajo este rubro difícilmente pueden ponerse en el lugar de otra persona y, "en consecuencia, son insensibles y egoístas, demandantes, individualistas, faltos de compasión, aun hacia su propia familia, y violentos". Un problema que se presenta en el crecimiento de los niños y niñas es el egocentrismo, que aunque es normal entre los niños cuyas edades oscilan entre los dos y los siete años de edad, en el fenómeno de los hijos tiranos puede permanecer hasta la adolescencia y la juventud.

Por otra parte, aunque los hijos aparentan tener una autoestima muy alta y se creen capaces de enfrentar cualquier obstáculo, por desgracia ese concepto de autoconfianza no es fruto legítimo del esfuerzo personal o del aprendizaje ante el fracaso, sino que depende del excesivo apoyo paterno. El miedo de los padres a que el hijo experimente algún fracaso les impide considerar que se aprende más del error y del fracaso que de los aciertos. Me parece que tal actitud provoca que todos –padres e hijos– salgamos perdiendo, aunque, desde luego, el que más pierde es el hijo tirano; si los padres no temiéramos tanto a las dificultades e incluso a los pequeños fracasos, sabríamos que éstos ayudan a la formación de una persona que busca su plenitud.

Un capítulo que recomiendo leer con cuidado es el 4, pues trata acerca de la estructura básica del cerebro y de muchos hallazgos realizados por los investigadores durante la década de los noventas, lo que le valió a ésta la designación de "Década del cerebro".

En mi experiencia, muchos efectos desagradables en los resultados académicos se deben a fallas biológicas, por lo que creo que antes de etiquetar a los niños y jóvenes es necesario descartar cualquier problema de esta naturaleza que pueda estar afectando su desempeño.

En dicho capítulo se habla del desarrollo emocional, tema que ha llevado a la preocupación por analizar el funcionamiento del cerebro, en busca de explicaciones en torno a conductas violentas; asimismo, se afirma que la influencia del medio no sólo nos moldea sino que modifica la estuctura y el funcionamiento del cerebro.

El capítulo 5 ofrece reflexiones interesantes acerca de "algunas carencias de ayer que hoy son consideradas como valores"; por ejemplo, ciertas limitaciones en educación, recursos y atención de los padres probablemente obligaron a los hijos a tomar responsabilidades tempranas, y esas experiencias deben considerarse hoy día, con el fin de descubrir en ellas aciertos que pudieran aplicarse en las nuevas familias.

Al referirse a la amistad entre padres e hijos los autores creen que, si bien es cierto que una relación franca y abierta es esencial, los padres y los educadores no deben aceptar ninguna relación de irreverencia, insolencia o grosería hacia ellos.

Respecto a la "falta de protección ante las dificultades de la niñez", si bien los autores sugieren que no se den grandes responsabilidades a los niños, reconocen también que cuando esta situación se da por necesidad y en forma natural, contribuye a formar una actitud de responsabilidad y de desprendimiento.

Por otra parte, los niños sobreatendidos con frecuencia no logran ser independientes y "se aburren si juegan solos". En este sentido, los autores afirman que el niño requiere tiempo libre para que aprenda a responsabilizarse de sus propias actividades, y que "es necesario que el niño se aburra para que genere otras ideas".

Asimismo, los doctores Amaya y Prado nos hablan de la "independencia y enfrentamiento de fracasos y frustraciones" como carencia analizada. El hecho de que los padres se involucren demasiado en las actividades de sus hijos, sean éstas académicas, atléticas o sociales, con el fin de ayudarlos y procurarles el éxito, favorece la dependencia y la inseguridad e impide que los chicos sepan manejar situaciones de fracaso en sus vidas.

Me parece de gran importancia la sugerencia de los autores en el sentido de que, para fomentar una actitud de desprendimiento y cortesía, se extienda la familia pequeña hacia otras familias: a los primos, sobrinos y abuelos y, si es posible, afuera de la familia. En lo personal he visto con gran gusto las enormes posibilidades que tiene la relación de abuelo a nieto, y con admiración y respeto veo cómo Beatriz, mi querida esposa, lleva una excelente relación con nietos y nietas, lo que permite generar un verdadero amor de amistad recíproco.

Finalmente, en el capítulo 6 encontramos una serie de consejos hacia los padres –a mi parecer muy enriquecedores–, ya que, como los autores afirman, educar hijos íntegros y más humanos no es tarea fácil debido a la gran presión social y familiar para vivir en un mundo de consumismo, mediocridades y flojera. Hoy día, pues, se requiere que los padres posean firmes convicciones con el fin de que no teman a las opiniones o reproches de los demás.

Uno de los consejos que encontramos en ese capítulo se refiere a los rituales familiares, como comer juntos, poner los platos en el fregadero al terminar, tener horas fijas para ir a la cama, etc. Este tipo de hábitos son muy positivos, ya que se traducen en reglas que todos deben cumplir y favorecen la seguridad y la confianza en los niños. Los actos habituales quedan de alguna manera impresos en nuestra memoria y nos proporcionan una verdadera educación tanto a padres como a hijos. Hace algún tiempo mi esposa Beatriz y yo leímos algo que dijo Pío XII: "Familia que reza unida, se mantiene unida."

Por otro lado, los autores aconsejan a padres y educadores ser consistentes, no cambiar las reglas, ser honestos con los niños y no inventarles mentiras para lograr lo que queremos.

Toda esta serie de pautas asentadas por los autores debe llevarnos hacia una generación de padres más sabios, hijos más humanos, y –yo añadiría– también de educadores más efectivos. Y si, además, existe colaboración entre la escuela y los padres de familia, como insisten en ello los doctores Amaya y Prado, será factible establecer "programas y estrategias que faciliten la formación del carácter de niños y jóvenes".

Como educadores con experiencia los autores sugieren mantenerse cerca de los adolescentes y de los niños: no dejar de confiar en nuestros hijos, pero jamás dejarlos sin supervisión y sin control.

Como "últimas palabras" los autores invitan al lector a iniciar una gran aventura: animan, a los padres a reflexionar sobre su actuar, para prepararse y apoyar a sus hijos, así como a tener valor para decir "no" y mantenerse firmes en sus reglas y normas familiares; asimismo, los invitan a que recuerden que la formación del carácter empieza en el hogar, que el ejemplo de los padres modela las virtudes esenciales de la moral, y que para ello los hijos necesitan modelos sólidos para crecer hacia la completa madurez.

Una idea que me gusta mencionar, expresa de alguna manera, la sugerencia de los doctores Amaya: "El hombre se hace hombre ante la mirada de la mujer, y la mujer se hace mujer ante la mirada del hombre", lo que puede extenderse al decir que: "hombres y mujeres se hacen padres y madres ante la mirada del hijo, y el hijo se hace hijo ante la mirada de padre y madre".

Felicito al lector por la oportunidad de tener este libro entre sus manos, pues estoy cierto que de él obtendrá elementos para aprender a ser mejor, para vivir plenamente y lograr un mundo más alegre.

Y, por supuesto, felicito a mis amigos Jesús Amaya y Evelyn Prado porque han logrado, con su minucioso trabajo, cristalizar esta obra que no dudo en calificar como excelente. No me queda sino agradecerles la distinción con la que me honran al permitirme prologar su libro.

ING. JUAN ANTONIO GONZÁLEZ ARÉCHIGA Y DE LA CUEVA
Rector de la UMNE

Índice de contenido

Introducción

El periódico madrileño *El País* publicó, el domingo 3 de febrero de 2002, un artículo que describe la nueva tendencia social de regresar hacia los valores esenciales para mantener el equilibrio y la paz familiar. Este artículo también reflexiona sobre el nuevo papel que los hombres están desempeñando en las familias, donde ellos están tomando una mayor conciencia acerca de su participación, no sólo en el ámbito económico sino también en el campo afectivo. En una investigación realizada por el Institut Scan, en París, sobre las actitudes de los ciudadanos con respecto al éxito, se establece que lo prioritario para ellos es disfrutar de una buena familia y lo secundario es obtener riqueza o convertirse en una persona famosa. Esto es un reflejo de la transformación que se está dando en la actuación del hombre en relación con sus funciones de pareja y padre.

Asimismo, la mujer ha adquirido nuevos papeles en la dinámica familiar; por ejemplo, ahora posee nuevas oportunidades para obtener una educación profesional y ejercerla sin descuidar sus responsabilidades como esposa y madre. Sin embargo, a pesar de esta versatilidad de funciones, la mujer continúa siendo el centro de la vida familiar, pues suele pasar más del doble del tiempo con sus hijos, que el padre.

No obstante, esta dinámica familiar se complementa cada día más; por un lado el hombre se incorpora más directamente a la familia y busca estar más presente participando en las múltiples actividades de sus hijos, y, por otro lado, la mujer se incorpora a la vida profesional y productiva aportando a la economía de su hogar.

Gregorio Marañón (1972), en su obra *Ensayos de la vida sexual*, sostiene que en la década de los cuarentas se inició una tendencia a "masculinizar lo femenino", porque la mujer comenzaba a desempeñar funciones hasta entonces específicamente masculinas en la sociedad occidental. Debido a la problemática de la Segunda Guerra Mundial, las mujeres empezaron a tener una mayor participación en la vida económica de los países occidentales y en el sostén familiar. Sin embargo, en la década de los ochentas se inicia una nueva tendencia familiar, a la que hemos denominado **maternidad de la virilidad**. Los hombres están transformando sus conductas de agresividad e impulsividad en respuestas afectivas, es decir, están adoptando actitudes más maternales, más cariñosas y comportamientos de ternura y compasión similares a los que, hasta hace poco tiempo, eran exclusivos de la relación entre madre e hijo. En el capítulo 4, "El desarrollo y el perfeccionamiento cerebral: sus efectos en el hijo tirano", analizaremos con detalle el nuevo comportamiento que están adoptando los padres, a la luz de los efectos hormonales.

Actuación de la mujer

Actuación del hombre

Un estudio realizado por David J. Eggebeen (2001) de la Universidad Estatal de Pensilvania, Estados Unidos, encontró que los hombres que se casan se "civilizan" y reducen aquellas conductas que pueden dañarlos, como beber alcohol, fumar o practicar pasatiempos (*hobbies*) peligrosos. Según este autor, el padre se abstiene de estas actividades porque adquiere una nueva perspectiva de sus valores a partir de formar una familia. Además, tiende a pasar menos tiempo con sus amigos, participa más en actividades religiosas y asocia su papel de padre con valores cívicos, morales, éticos y educativos.

Ahora, más que nunca, los hombres valoran más la vida familiar e, incluso, en muchos casos, por encima de su trabajo. Sin embargo, algunos padres han creado su dinámica familiar únicamente alrededor de sus hijos, viviendo por y para ellos. Es como si, con su nacimiento, hubiesen firmado un "contrato" de obediencia y lealtad para toda la vida.

En la calle podemos ver niños producto de esta nueva dinámica familiar. Es común observar a niños agrediendo verbal o físicamente a sus padres, exigiéndoles el cumplimiento de sus caprichos. No es extraño, igualmente, ver a niños menores de cinco años manipulando cualquier tipo de situación, y a los padres manifestando, de una u otra manera, su incompetencia para educarlos adecuadamente. Niños impulsivos, intolerantes, individualistas, apáticos, malagradecidos, sin compasión; en otras palabras: **hijos tiranos**.

En estos días, también es común oír a los papás quejarse de que sus hijos están fuera de su control. "¡No sé qué hacer con él!, ¡nunca me hace caso!", expresaba en una ocasión una mamá. Y, al preguntarle por la edad de su hijo, contestó: "tres años". Se trata de padres que, para evitar la confrontación con sus hijos les satisfacen cada uno de sus antojos. En otra situación, observamos a un niño de siete años gritándole a su mamá en la puerta de su escuela. Con una actitud sumisa, la mamá aceptaba sus regaños, y todo porque lo recogió 10 minutos tarde. Padres permisivos, sumisos, volubles e indecisos; sí, estamos ante una generación de **padres obedientes**.

Este libro, PADRES OBEDIENTES, HIJOS TIRANOS, examina las nuevas interacciones que se llevan a cabo entre padres e hijos, las presiones sociales en la educación de los niños y las repercusiones afectivas, psicológicas y cognitivas que influyen en su desarrollo personal, familiar, social y profesional, durante tres años de investigación y observación en núcleos familiares, escolares y deportivos; además, analiza la interacción entre sus miembros así como con los demás.

DIFERENCIAS GENERACIONALES

Las situaciones económica, política, social y tecnológica de un cierto periodo o época determinan las características distintivas de cada una de las generaciones. Por ejemplo, el arribo de la radio a los hogares permitió a la familia tener un punto de reunión, alrededor de este medio de comunicación, y desarrolló las habilidades de escucha y creatividad visual, porque la obligaba a imaginar cada una de las escenas que se trasmitían. Recordemos a nuestros abuelos, quienes todas las tardes se reunían para oír las radionovelas como *Kalimán, El ojo de Vidrio, Chucho el Roto*, entre otras. Sin embargo, en la década de los cincuentas, la llegada de la televisión transformó a una generación oyente, nuestros abuelos, en una generación visual, la nuestra. Así, a partir de estas aportaciones y cambios socioculturales, podemos identificar tres generaciones: la silenciosa, la de los *baby boomers* o padres obedientes, y la de los hijos tiranos, que han influido en el cambio de la dinámica familiar actual.

Se le llama generación silenciosa a los nacidos entre 1935 y 1950, y son aquellas personas que aprendieron a ahorrar con base en su trabajo, a ser empleados obedientes y a aceptar una disciplina estricta. Ellos fueron gerentes en los años cincuenta, sesenta y setenta, y pasaban casi todo el día en la oficina. Sabían que su esfuerzo y trabajo constituían la única manera de superar su estatus y ascender en la jerarquía de la organización, ya fuese empresarial o gubernamental. Las relaciones laborales eran muy formales y casi nunca cuestionaban las decisiones de su jefe. Estas relaciones basadas en la disciplina y la formalidad se reflejaban, además, en el seno familiar, donde los hijos obedecían y respetaban no sólo a sus padres sino también a sus abuelos y tíos. En suma, en esta generación tanto padres como hijos eran "silenciosos". Pero a mediados de la década de los sesentas, las cosas empezaron a cambiar con la aparición de los *baby boomers*.

Los *baby boomers* son las personas nacidas entre 1951 y 1984. Crecieron en una época de rebeldía y desafío hacia la autoridad, entre el *Rock and Roll* y la televisión; en una etapa de grandes transiciones sociales, como la liberación femenina, y el inicio al acceso de la tecnología y la información de la mayoría de la población. Además, hubo grandes cambios de valores, pues lo pragmático y lo útil se volvió muy apreciado y, por el contrario, la obediencia y la lealtad dejaron de ser valores deseados. Al grupo de personas que nacieron durante estos años y que hoy son padres, les hemos llamado la **generación de padres obedientes**. Es decir, en esta generación identificamos hijos rebeldes que ahora son padres obedientes.

A partir de 1985, inició el nacimiento de la generación que hemos denominado **generación de hijos tiranos**. Este tipo de niños está creciendo en hogares donde ambos padres trabajan o, bien, no cuentan con una estructura de familia nuclear (padre, madre e hijos), sino que se estructuran mediante otras formas, como: padres y/o madres solteros, divorciados, separados, o comparten los hogares de abuelos, tíos y familiares cercanos.

En esta nueva generación, los niños esperan ser guiados, pero no supervisados y menos ser obligados a obedecer sin razón alguna; el trabajo lo perciben como un mal necesario y la vida, como algo que debe disfrutarse a cada momento. Para ellos, el futuro está en presente y el pasado no interfiere o no influye decisivamente en el hoy. Con base en lo anterior, podemos explicar la actitud de muchos estudiantes: estudiar con un mínimo de esfuerzo y tiempo y sólo para recordar lo necesario en una circunstancia específica, los exámenes. Desarrollan una actitud de mínimo esfuerzo frente a lo irrelevante y a todo aquello que no les produce placer y no es divertido.

Esta generación se ha transformado, pasan-

Regla de oro:

Aparenta tristeza hasta que salgas a trabajar

¡¡Sí!!

do de una tendencia pragmática a una totalmente hedonista que busca el placer y la comodidad. En este libro se analizarán los diferentes elementos que definen a esta nueva generación y sus implicaciones, tanto en el nivel personal como en el familiar y social.

De padres mercaderes,
hijos caballeros y nietos mendigos.

(Anónimo)

De padres trabajadores y exitosos,
hijos millonarios y nietos miserables.

(Anónimo)

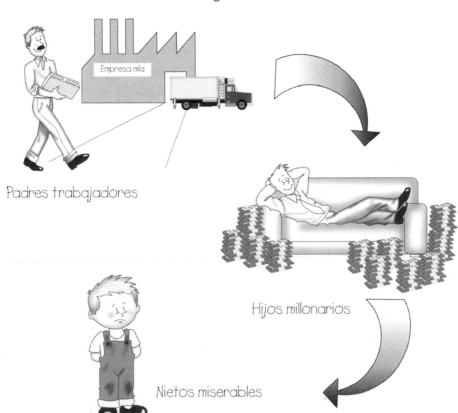

Evolución generacional

Empresa mía

Padres trabajadores

Hijos millonarios

Nietos miserables

1

Transformación social, familiar y de valores

En los últimos 35 años hemos experimentado grandes cambios en todos los ámbitos de las sociedades a nivel mundial. En el ámbito social, la caída de la concepción comunista y la generación de nuevas formas políticas; en el ámbito económico, inestabilidad comercial y de intercambio entre las naciones por el surgimiento de grupos antagonistas al régimen democrático; en el ámbito tecnológico, la creación de nuevas herramientas de comunicación electrónica más rápidas, más eficientes y menos costosas. Según la organización AT&T, para el año 2015 habrá una computadora o un medio digital de comunicación en 60 % de los hogares mexicanos.

La familia también ha sufrido grandes transformaciones en los últimos 20 años. Cambios en la constitución familiar (pocos hijos), y en los roles o papeles (las mujeres incursionan en la vida laboral), en la estructura familiar (la familia nuclear se desintegra por divorcios, padres solteros, padres separados, o abuelos y tíos forman la familia nuclear) y, finalmente, cambios en la preparación académica (padre y madre profesionistas). Y con respecto a los valores familiares, éstos han sufrido cambios por los nuevos contextos ambientales y culturales.

En el presente capítulo se analizan algunas de las nuevas transformaciones socioculturales y de valores, tanto en el campo profesional como en el laboral y familiar, que influyen en la nueva dinámica de relación entre la actual generación de padres e hijos.

POCOS HIJOS PARA EDUCARLOS MEJOR

El *eslogan* (lema o grito de batalla) escuchado durante décadas en México para promover entre la población la conciencia de la *paternidad responsable* enfatiza que "la familia pequeña vive mejor". Muy pocos se inclinaban a reflexionar en que pudiera tener algunas desventajas vivir en una familia pequeña y criticar fuertemente a la familia grande en la que, hasta entonces, casi todos los mexicanos habíamos crecido.

Peter Drucker, en su libro *Los desafíos de la administración en el siglo XXI*, analiza la sociedad china, que durante mucho tiempo, ha sido el país más poblado del mundo. El promedio de hijos por cada familia nuclear china era de siete. Actualmente, con las nuevas regulaciones de control de la natalidad impuestas por el Gobierno chino, el promedio es solamente de un hijo por familia. Peter Drucker (1999) comparó las actitudes de los padres chinos con respecto a los conceptos de disciplina, atención y educación de sus hijos, entre el ayer y el hoy. Sus hallazgos fueron sorprendentes, los padres con familia numerosa y los de la pequeña gastaron y gastan casi la misma cantidad económica en educación, ropa, juguetes y artículos varios. En otras palabras, los padres de hoy tienen un gasto económico, si no igual, similar a lo que gastaban sus padres con una familia de seis o más hijos.

En la actualidad, muchos padres han tomado muy en serio su papel y responsabilidad invirtiendo grandes cantidades de dinero para satisfacer los gustos de sus hijos y no tanto para cubrir sus necesidades reales. Desde la perspectiva de la inversión monetaria, es verdad que la familia pequeña tiene una mejor oportunidad de poder tener una vida más desahogada y cómoda que una familia grande. Sin embargo, los padres suelen preocuparse más por satisfacer cada uno de los antojos filiales, lo que convierte a la relación padre-hijo en una interacción de beneficio –o de interés–. Así, el papel de los progenitores se ha reducido al de proveedores o satisfactores de cualquier capricho que sus hijos les demanden, y por ello decidimos que se han convertido en **padres obedientes**.

La familia pequeña puede tener efectos positivos y negativos en la vida de sus miembros. Uno de los puntos positivos más importantes radica en que los padres tienen una mayor disponibi-

lidad de tiempo para atender mejor a cada uno de sus hijos. Sin embargo, en vez de aprovechar ese tiempo para convivir con ellos, algunos progenitores los inscriben en deportes organizados o en talleres y cursos de tipo cultural y académico, donde por lo general se convierten en espectadores y no en participantes en la convivencia con sus hijos.

Por su parte, la familia grande brinda un mayor número de oportunidades de interacción en forma natural que la familia pequeña, y además proporciona valores que promueven un crecimiento emocional saludable. Esto se discutirá con mayor profundidad en el capítulo 5, "Aquellas carencias de ayer son valores hoy".

EL PADRE A LA FAMILIA *VERSUS* LA MADRE AL TRABAJO

Cada día los padres adquieren una mayor conciencia en torno a la importancia de su presencia y participación en la vida familiar. Podemos constatar cómo se involucran cada vez más haciéndose presentes en las actividades deportivas de sus hijos, aun cuando sean dentro de su horario de trabajo, cómo pasan sus horas de descanso apoyándolos para la realización de las tareas escolares.

Las mujeres, futuras madres, reconocen la relevancia de la formación académica profesional de su desarrollo humano. Los estudios universitarios ya no son sólo una oportunidad para tener y/o mantener amistades, conseguir un futuro esposo o mantenerse lejos del hogar para evitar las labores domésticas. La mujer acepta la importancia de la preparación profesional, no sólo para tener mejores oportunidades de trabajo y de realización personal, sino que valora la formación académica como una parte fundamental para ser mejor mujer, esposa y madre.

En Estados Unidos de América, el número de madres que trabajan y tienen hijos menores de seis años aumentó de 18.6 %, en 1960, a 60 %, en 1992. En México, según el INEGI (Instituto Nacional de Estadística, Geografía e Informática), la cantidad de madres que trabajan se incrementó de 18.4 %, en 1991, a 30.3 %, en 1999. Y el porcentaje de madres con seis o más hijos que laboran, aumentó de 26.1 %, en 1991, a 52.4 %, en 1999. La mujer mexicana adquiere cada día mayor conciencia acerca de la importancia de desempeñar un papel más activo en la vida económica y profesional como parte de su responsabilidad en la familia.

ACAPARAMIENTO PATERNO

En los últimos años se ha verificado un mayor balance en la realización de las funciones y responsabilidades familiares entre el padre y la madre, y esto gracias a las nuevas perspectivas de profesionalización de las madres y a la transformación de la nueva concepción paterna que implica una mayor participación de los padres en la vida de sus hijos. Sin embargo, algunos progenitores no han podido asimilar de manera adecuada estos nuevos papeles y han caído en el "acaparamiento". Absorben el ser y el actuar de sus hijos; los sobresaturan de atenciones y actividades, el padre para cumplir con la nueva concepción de paternidad y la madre para compensar su "culpabilidad" por no cumplir con su papel de mamá de tiempo completo. (Este punto se profundizará en el siguiente capítulo.)

No dejan a sus hijos ser ellos mismos, no los dejan que se enfrenten a situaciones cotidianas y confronten sus errores y fracasos. Por ejemplo, en un partido de futbol donde mi hijo es el portero, si soy buen padre, lo dirijo detrás de la portería y le doy instrucciones: "fíjate, hijo, me vas a obedecer porque si no me haces caso te van a meter gol", y lo alecciono con diferentes estrategias para evitar que esto suceda.

No lo acaparemos, el niño puede tomar sus propias decisiones y, si se equivoca, dejemos que afronte las consecuencias y aprenda cómo evitarlas la siguiente vez. El niño crece más sanamente cuando logra éxitos basándose en el aprendizaje de sus fracasos, que cuando se ve sometido a la actuación directiva de algún adulto.

Los padres que trabajan pueden provocarse un sentimiento de culpabilidad, creyendo que son negligentes por no ser "padres de tiempo completo" y, por tanto, manifestar conductas de derroche con el fin de compensar su ausencia en el acompañamiento de sus hijos. Este tipo de actitudes y conductas paternas convierten a los niños en personas demandantes y rencorosas hacia sus padres, y utilizan esta situación como arma sutil para manipular y hacer sentir culpables a sus padres. En estos casos, los niños siempre se perciben como víctimas y los padres como malhechores.

Este cambio de papeles puede afectar de manera grave la educación de los hijos. La relación, entonces, suele centrarse en la sobreprotección paterna, es decir, en el hecho de que los padres tratan de evitar a toda costa que sus hijos experimenten fracasos, y buscan que tengan éxito en cualquier circunstancia y momento. Pero la esencia de este éxito es falsa y artificial, ya que sólo es producto de la intervención directa de los padres.

NUEVAS ESTRUCTURAS FAMILIARES

La estructura familiar que predominaba en las generaciones silenciosa y *baby boomers* era estable y nuclear hasta mediados de la década de los setentas. A partir de estos años empieza a diversificarse la organización familiar. El INEGI informa que, a comienzos de 1970, 87 % de las familias en México estaban estructuradas en forma nuclear (padre-madre-hijos). Sin embargo, en el censo de 2000 refleja un cambio en la constitución de sus miembros, sólo 78 % de las familias se integraban en forma nuclear. La formación familiar que consiste sólo de padre e hijo, más específicamente, de madres solteras, se ha incrementado en 600 % en los últimos 10 años. Estas mujeres no sólo cuestionan la existencia de la familia nuclear, sino que han formado nuevas estructuras familiares donde el hombre está fuera de sus planes.

Examen para padres: ¿Qué preferirá?

$ 1500.00
Pelota de futbol
profesional

$ 700.00
Gimnasio

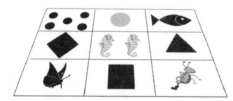

$ 800.00
Tapete interactivo

Cucaracha
muerta

El promedio de hijos por familia está bajando dramáticamente. En 1992, este promedio a nivel nacional fue de tres hijos, y en 1999 bajó a 2.5; en particular, las dos ciudades mexicanas que poseen el menor número de hijos por familia son el Distrito Federal y Nuevo León, con 2.02 y 2.33, respectivamente.

El cambio de estructura y la reducción de miembros en el núcleo familiar son factores determinantes para su dinámica interna, así como para el desarrollo de los hijos. En ambos casos, los hijos crecen en ambientes con pocas oportunidades de interacción y con un gran riesgo de convertirse en el centro de la familia y de su universo.

INTERACCIÓN NATURAL *VERSUS* ARTIFICIAL CON EL MUNDO

Las generaciones silenciosas y *baby boomers* interactuaban en forma natural y espontánea con el mundo que las rodeaba.

Para ellas, juegos tales como los encantados, la roña, las escondidas, las rondas infantiles, las canicas, el trompo, etc., eran juegos participativos que, por lo común, se llevaban a cabo al aire libre, en el patio de la casa, en el parque o en el barrio, y siempre se disfrutaban en compañía de otros amigos. Era normal y natural que, durante estos juegos, se desarrollaran habilidades de cooperación, competencia, tolerancia a la derrota, orientación al logro de la tarea sin necesidad de algún premio a cambio, etc. En pocas palabras, las generaciones anteriores desarrollaron indirectamente habilidades y actitudes que las ayudaron a desenvolverse con responsabilidad frente a los requerimientos sociales y afectivos para enfrentar con mejor éxito su futuro.

En los últimos años, esta forma natural de interactuar con su ambiente por parte de los niños, se ha transformado en una forma artificial y ficticia, tanto en su casa como en el medio. La tecnología, el enfoque academicista de la educación y la inseguridad social son, entre otros, algunos de los factores esenciales que han influido en este cambio.

La tecnología, en especial los videojuegos y la internet, ha propiciado que los niños sean más individualistas. Anteriormente, pasaban horas jugando con otros amiguitos, desarrollando su socialización y practicando la colaboración; ahora, el niño pasa horas frente a un monitor interactuando artificialmente con amigos y realidades simuladas, o viendo la televisión. Así, el niño crece en un ambiente solitario, donde él es el que regula y controla su ambiente y fija sus normas de interacción. Timmer (1985), en sus investigaciones con respecto al uso del tiempo de los niños, encontró que solamente empleaban ocho minutos diarios para la lectura y, en cambio, casi dos horas y media para ver televisión.

Algunos padres utilizan la televisión como un medio para cuidar a sus hijos, convirtiéndola en una "niñera" económica y práctica. Sin embargo, en los estudios realizados por Robert Kubey (2002), se descubrió que el cerebro reacciona más pasivamente al ver televisión que al leer. Este investigador ha demostrado que la exposición a la televisión disminuye el funcionamiento cerebral y provoca un bajo rendimiento cognitivo en actividades posteriores. La televisión no sólo obstaculiza el trabajo intelectual y/o escolar sino que, además, influye negativamente en el estado de ánimo del televidente. Kubey reporta niños más alterados, más ansiosos, más demandantes y que, en algunos casos, demuestran conductas hiperactivas.

Trabajo del cerebro al ver la televisión

En la actualidad, los hijos requieren de mayor supervisión en sus actividades libres. Existe un temor generalizado de dejarlos solos en ambientes extraños o no controlados. Y este temor surge por la despersonalización de las relaciones sociales y la alta movilidad de la población. Una buena parte de nuestra responsabilidad paterna, quizá la más importante, estriba en vigilar y validar la *seguridad* de los ambientes donde nuestros hijos interactúan. Esto nos obliga a crear ambientes artificiales pero seguros, donde puedan vivir sin riesgo de ser lastimados. El peligro de ello radica en el hecho de que el niño crezca en una casa de cristal, tan protegido que no sea capaz de tener otro tipo de experiencias, limitando su sensibilidad y compasión **sólo hacia sí mismo**. ¿Qué sucederá en un mundo donde prevalezca el individualismo?

CAMBIO DE VALORES

El siglo XX fue testigo de cambios grandes y radicales que en ningún otro siglo había vivido la Humanidad. El automóvil se convirtió en el medio de transporte común, conforme fue transcurriendo la primera mitad del siglo, y la tecnología que transformó los medios de comunicación se fue perfeccionando en la segunda mitad. La mujer ingresó a la fuerza laboral en niveles nunca sospechados, así como el hombre comenzó a valorar y a desempeñar un papel más participativo como padre de familia. Y dentro de este contexto cultural, los valores humanos también resintieron grandes cambios durante este siglo.

David Buss (2001) de la Universidad de Texas, en Austin, realizó interesantes investigaciones respecto de este cambio de valores humanos, mediante un estudio transversal de 60 años en familias estadounidenses, y encontró los siguientes datos significativos:

1. En la década de 1930 a 1940, los hombres valoraban altamente la castidad, el trabajo doméstico y el deseo de estar en casa, con sus hijos; sin embargo, en los años noventa, estos valores fueron sustituidos por la educación, la inteligencia, la sociabilidad y una buena apariencia física.
2. La mujer, en los años treinta, valoraba la estabilidad emocional, la madurez, el refinamiento y la buena salud; sin embargo, en la década de los noventas adquiere valores muy similares a los del hombre, como la educación, la inteligencia, la ambición, la laboriosidad, la sociabilidad y una buena apariencia física.

El doctor Enrique Rojas (1998), psiquiatra español, en su libro *El hombre light*, menciona que en la actualidad hay un vacío moral, y el materialismo, el hedonismo, la permisividad, el relativismo y el consumismo son los valores que imperan en la sociedad. Estos valores han surgido a raíz de los grandes cambios sociales y tecnológicos ocurridos en los últimos años, como la revolución informática, la preocupación por los derechos humanos y la caída del bloque comunista, entre otros.

Esta transformación de los valores humanos ha permitido darle un nuevo enfoque a la estructura y dinámica familiar. La reducción del número de miembros, la incorporación de la madre a la vida profesional, la participación más activa del padre en el acompañamiento y educación de sus hijos y el surgimiento de la valoración del niño han sido, por mencionar algunos, los valores que influyeron en el cambio de funciones, papeles e interacciones en la dinámica familiar.

2

Generación de
padres obedientes

¿Por qué generación de padres obedientes? Los padres de la generación silenciosa respetaban los valores y costumbres adquiridos cuando fueron pequeños. En general, no existía resentimiento hacia el estilo de vida legado por sus padres. Por el contrario, la generación de los *baby boomers* vivió una época de grandes cambios sociales, como la liberación femenina, el cuestionamiento político y la rebeldía hacia las reglas; hoy día, ellos son la generación de padres obedientes.

Les llamamos así, porque cuando eran pequeños obedecían a sus padres y a las demás personas adultas, como familiares cercanos y profesores. Y ahora que son padres, obedecen y se someten al mínimo capricho de sus hijos.

Durante su niñez, la generación de padres obedientes vivió la autoridad absoluta dentro de un ambiente regido por reglas, mandatos y límites, donde había ciertas carencias materiales y tardanza en satisfacer sus necesidades y a veces nunca las podían saciar.

Así, esta generación de padres realiza hoy hasta lo imposible para que sus hijos no experimenten lo que ellos vivieron de pequeños. Por ello, evitan ser vistos como autoridad y se autodefinen como amigos y compañeros; eluden imponer reglas y normas, pues afirman que en la libertad está el crecimiento maduro y pleno; evitan la privación porque creen que esto produce baja autoestima y tratan, por todos los medios, que sus hijos no sufran la demora del acceso a satisfactores porque piensan que ello es causa de frustración. Un día, al estar reuniendo datos para nuestra investigación, observamos el diálogo de un papá con su hija, "te doy cincuenta pesos para que te compres lo que quieras en la tienda de juguetes". Al ir a la tienda con su mamá quería un juguete que costaba ciento ciencuenta pesos y su mamá se negó a comprárselo. "Ya verás, mi papá me lo comprará." Al llegar a casa, la niña rápidamente corrió a los brazos de su padre y reprobó la conducta de su esposa. El papá, molesto, le dijo: "¿Por qué no se lo compraste?" "Por que costaba más de cincuenta pesos y estaba muy caro", le contestó la mamá. Entonces, el papá reaccionó más irritado, "si le dije que se comprara lo que ella quisiera. Aquí están los cien pesos que le faltan y para la próxima cómprale lo que quiera; no ves que puede frustrarse...". Ahí terminó la discusión, y mamá e hija salieron hacia la tienda de juguetes.

Sin embargo, estas consideraciones de satisfacer el mínimo capricho y cumplirlo en forma inmediata, no están fundamentadas ya que los niños necesitan privaciones y carencias para que realmente valoren a las personas y a los objetos, y no los vean como simples satisfactores de sus necesidades. Sin su existencia, el niño desarrolla conductas inestables, miedos e incluso comportamientos tiránicos.

A continuación, analizaremos las características de la generación de padres obedientes y sus implicaciones en la formación de sus hijos.

PADRES HIPERACTIVOS

En la generación de padres obedientes es común que ambos progenitores –o al menos uno de ellos–, hayan realizado estudios profesionales y terminado una carrera universitaria. Este tipo de padres consideran que la formación intelectual temprana, la preparación académica y el deporte son clave para el éxito futuro de sus hijos y, por ello, algunos padres apresuran y presionan a sus hijos para que adquieran esos conocimientos y habilidades, a pesar de que el niño no tenga la madurez para adquirirlos.

Los padres hiperactivos son producto de nuestro tiempo pues están rodeados de tecnología, de altas expectativas y de un mercado que les dice qué hacer para ser "buenos padres"; en este contexto, el término promedio ya no es aceptable y los incita a la búsqueda de la excelencia.

37

Esto los lleva a querer programar y organizar todas las actividades curriculares y extracurriculares de sus hijos. Su involucramiento es tal que centran toda su existencia alrededor de estas actividades, incluso, algunos padres suelen descuidar o dejar su trabajo por atenderlas. Asimismo, esta preocupación paternal por la excelencia académica de los hijos se ha visto reflejada en ciertas modificaciones en el ámbito escolar porque, de hecho, los padres presionan para ello.

El academicismo de la educación consiste en fundamentar nuestro quehacer educativo en el proceso *formal* –escolarizado– del aprendizaje. En los últimos años, la educación preescolar ha olvidado su misión formativa de socializar y desarrollar las capacidades básicas, como el lenguaje y la psicomotricidad, para facilitar así el aprendizaje del niño cuando ingrese al nivel de educación primaria. De esta manera, el currículum preescolar se ha centrado en un aceleramiento académico, que consiste en aprender a leer y a escribir no sólo en el idioma maternal, sino simultáneamente en inglés, y realizar operaciones matemáticas sin importar la posibilidad de comprensión por parte de los infantes. David Elkind, en su libro *The hurried child. Growing up too gast too soon*, menciona que estos factores pueden influir en la deserción temprana de la escuela y en apatía hacia el estudio y la lectura. Los educadores preescolares han perdido su quehacer natural de formación y se han convertido en formadores artificiales academicistas que orientan su función sólo para satisfacer las presiones sociales y familiares en torno al tipo de contenidos que deben ser enseñados en la escuela.

En algunos casos, estas actividades apresuran y presionan a los niños para que obtengan determinados conocimientos, sin importar si es el mejor momento para adquirirlos. Muchos padres no tienen en cuenta los fundamentos pedagógicos, y exigen que las escuelas se conviertan en centros enciclopédicos, amenazando con cambiar a sus hijos de escuela cuando piensan que ésta no cumple con sus expectativas, sin saber que una verdadera educación es aquella que se adecua al desarrollo evolutivo y mental del niño. Los resultados de una aceleración académica e intelectual mal aplicada puede generar frustración en el infante, misma que repercutirá en su rendimiento escolar o en su motivación para aprender produciendo y, por consecuencia, más tarde o más temprano el niño presentará problemas de

Evolución de la niñez

Nace

El ser más inteligente
del planeta

A los cinco años...

Regresa para acá...
¡Obedece! No juegues aquí...
¡Hazme caso! siéntate...
No vayas a romper algo.

El ser más indisciplinado
del planeta

aprendizaje y/o aversión al estudio y a la escuela. Por desgracia, es muy común que ello produzca niños con síntomas de ansiedad o depresión, mezclados con sentimientos de culpabilidad por haber fracasado y no haber cumplido con las expectativas de sus padres y profesores. Además, la sobrecarga de actividades y exigencias, en algunos casos, los lleva a involucrarse en forma obsesiva en los videojuegos, como el *Nintendo* o el *PlayStation*, pues ahí ellos solos se organizan y se sienten libres de la direccionalidad paterna y escolar. En los adolescentes, estos aceleramientos o exigencias los pueden conducir también a una depresión –aunque más severa–, al uso de drogas, a tener una actividad sexual temprana o, incluso, al homicidio y suicidio.

Esta búsqueda irracional del perfeccionamiento académico, por lo general, ambiciona a toda costa la obtención del éxito en cada una de las actividades en que participa el niño, obligándolo a alcanzar metas muy altas y a crecer de más a una edad muy temprana. Este deseo llega a tal extremo, que los padres pueden apropiarse de las decisiones de sus hijos y despojarlos de la posibilidad de actuar con base en su libre juicio; este tipo de progenitores no se dan cuenta de que, a medida que su hijo crece, necesita empezar a tener ciertas responsabilidades, pues sólo mediante la práctica de ellas podrá desarrollar habilidades para ser una persona **independiente** y **autosuficiente**.

David McNally, en su libro *Even eagles need a push* (*Aun las águilas necesitan un empujón*), nos plantea la siguiente pregunta: ¿Cuál es la clave del éxito?, y la responde así:

> Esa es una pregunta fácil: las buenas decisiones.
> ¿Y cuál es la clave para tomar buenas decisiones?
> Esa es más fácil: la sabiduría que ha ganado de la experiencia.
> ¿Y de dónde obtuvo esa experiencia?
> Más fácil todavía: de mis malas decisiones.

Algunos niños son obligados o presionados por sus padres, para adquirir conocimientos, o especializarse en un deporte o actividad cultural a una edad muy temprana, sin importar si tienen madurez suficiente para esto. Es verdad que los padres hiperactivos suelen utilizar el deporte y los juegos organizados como una forma fácil de supervisar a sus hijos, pero debe tenerse en cuenta que el abuso en estas prácticas podría ocasionar una dependencia patológica en la relación padre-hijo. La predisposición a crear, la iniciativa para actuar y la percepción del logro personal se ven afectadas cuando el medio familiar genera un control extremo en las actividades tanto académicas como deportivas y lúdicas de sus hijos.

La idea rectora de los padres hiperactivos es darles a sus hijos una *niñez perfecta*. Sin embargo, los estudios demuestran que la exposición a una saturación de actividades organizadas tiene efectos negativos en la personalidad y el desarrollo intelectual de los niños. Uno de estos efectos consiste en perder la capacidad de tomar decisiones propias, así como el no poder desarrollar la creatividad y la individualidad. Los padres deben propiciar un balance entre los quehaceres y las tareas de sus hijos. El niño debe de tener la oportunidad de organizar y elegir algunas de sus actividades, para poder desarrollar confianza en sí mismo y mejorar su autoestima en relación con su percepción de logro, individualidad y creatividad.

SENTIMIENTO DE DESAMPARO

La generación de padres obedientes experimentó el *síndrome de desamparo* cuando eran pequeños. De niños, muchos de nosotros experimentamos la independencia y la poca supervisión de nuestros padres en nuestras actividades; era común que saliéramos con amigos al parque, a la calle o al barrio sin la vigilancia paterna. Además, el tiempo que pasábamos en casa, lo disponíamos libremente, con poca presencia y participación de nuestros padres. Por un lado, podemos percibir estas situaciones como de "abandono" y poca responsabilidad de nuestros padres por dejarnos sin protección (aunque, desde otro punto de vista, también podemos percibirlas, por ejemplo, como una oportunidad que se nos dio para aprender a ser auténticos).

Los padres obedientes que experimentaron este síndrome de desamparo en su niñez, adoptan frente a sus hijos una actitud *sobreprotectora*, hasta el grado de hacerse responsables de *cada una* de las obligaciones infantiles y sentirse culpables por cada una de sus derrotas. Esto puede llevar al padre a absorber toda iniciativa y talento filiales, por creer que es su responsabilidad regular no sólo lo que su hijo tiene en términos de comida y casa, sino también dirigirlo en todos los aspectos de su vida para que sea la persona y/o profesionista que el padre siempre ha deseado. Hemos observado estas actitudes en diferentes circunstancias, como en los juegos competitivos, en donde los padres se ponen la camiseta de entrenadores y dirigen cada una de las jugadas en que su hijo interviene.

Si el niño juega la posición de poste en un partido de basquetbol, el padre se ubica a un lado de la cancha y lo dirige en cada una de las jugadas y le dice: "Si me haces caso no te van a meter canasta y tus amiguitos no se enojarán contigo", "si no me obedeces van a perder", etcétera.

En la realización de las tareas escolares, los padres asumen la responsabilidad total y parece que son ellos los que tienen la obligación de hacerlas. En una ocasión, al visitar a un par de amigos, observamos que estaban realizando un trabajo escolar, no pudimos contener nuestra curiosidad y les preguntamos si era la tarea de alguno de sus hijos, su respuesta nos sorprendió: "Le estamos ayudando a nuestro hijo porque, fíjense, al *pobrecito* le encargaron este trabajo, pero iba a ir a la Isla del Padre con unos amigos. Así que decidimos que nuestro hijo merece esas vacaciones y le estamos dando la mano."

SÍNDROME DE NEGAPROYECCIÓN

"Mamá, mamá, mi profesor me castigó hoy en la escuela", le dijo el niño a la mamá. "Muy bien hecho, el profesor ha de haber tenido la razón. Te has de haber portado mal", le contestó la mamá. Este tipo de diálogos fue muy común en la generación silenciosa, porque los padres manejaban una determinada percepción acerca del papel formativo que tenían los profesores y apoyaban sus decisiones disciplinarias y pedagógicas. Sin embargo, esta percepción se ha ido perdiendo cada vez más con las nuevas generaciones de padres. Hoy día, los padres cuestionan más las medidas disciplinarias y/o exigencias de los profesores.

En una ocasión, platicábamos con el director de una preparatoria y nos comentaba que en estos días es sumamente difícil la educación de los adolescentes. Y al cuestionarle sobre esta percepción, contestó: "Los adolescentes son muchachos muy dóciles y responsables de sus actos, pero ya estoy cansado de sus padres. Son éstos a los que necesitamos educar. Encubren y justifican cada una de las conductas indeseables de sus hijos adolescentes." Estas afirmaciones pueden sonar un poco radicales, ya que no tomamos en cuenta las reacciones justificables de algunos padres hacia los abusos de los profesores; sin embargo, existe una tendencia de protestar por cualquier acción que tomen los profesores en perjuicio de sus hijos.

La generación de padres obedientes proyecta y refleja su éxito personal en sus hijos. Cuando un niño tiene un fracaso escolar, el padre o la madre asumen también esa responsabilidad y ese fracaso; buscan enaltecer cualquier tipo de logro, por mínimo que sea y, asimismo, encubren y excusan todo tipo de comportamiento, en especial aquellos que resultan de la frustración o el fracaso, provocando en sus hijos una conciencia de la realidad totalmente falsa y artificial.

En otra ocasión, una profesora de preparatoria nos comentó una situación sumamente embarazosa: "La semana pasada reportó una calificación reprobatoria a un alumno, porque el proyecto de investigación que realizó no cumplía con los requisitos

mínimos para aprobar y, además, no siguió las instrucciones del trabajo. Y ella respondió: "pero no es su culpa, yo le hice el trabajo y no le entendí sus indicaciones. Mi hijo no es el responsable, sino yo. Además, quítele esa calificación."
su hijo no los cumplía. Ella insistía en que su hijo no merecía esa calificación. Le volví a explicar y, además, le comenté que cometió errores y omisiones por no seguir las instrucciones del trabajo. Y ella respondió: pero no es su culpa, yo le hice el trabajo y no le entendí sus indicaciones. Mi hijo no es el responsable, sino yo. Además, quítele esa calificación."

La negación de los errores y los fracasos de los niños promoverá conductas mediocres y de conformismo, lo cual resulta contradictorio con la búsqueda de una niñez perfecta.

SÍNDROME REPARATORIO

Muchos padres desean que sus hijos no pasen por lo que ellos pasaron cuando eran pequeños, así que hacen todo lo posible para que sus hijos tengan lo que ellos no tuvieron y les evitan cualquier tipo de responsabilidades semejantes a las que ellos vivieron. Los complacen hasta en el más mínimo antojo y deseo, en forma casi inmediata. De esta manera, los padres tratan de reparar las carencias que experimentaron de pequeños, pero ahora en sus hijos.

En una conversación de alcoba entre dos papás: "Oye, viejo, nuestro hijo quiere el *PlayStation 2*." "Sí, vieja, que lo pida para su cumpleaños o para navidad", le responde el marido. "Pero, viejo, falta mucho tiempo y, además, el primito lo tiene, el vecinito también y nuestro hijo es el único que no lo tiene; si no se lo compramos se va a frustrar y acomplejar", reflexiona la esposa. "Tienes razón, hay que comprárselo", asiente el esposo. Los padres fomentan en sus hijos la idea de que pueden obtener cualquier deseo sólo con solicitarlo y sin pagar el precio del esfuerzo. Este comportamiento genera una actitud de flojera y una concepción errónea de merecerlo todo sin dar algo a cambio.

Algunos estudios (Barnet, 1998), han revelado que hoy la mujer tiene mayor número de responsabilidades que hace 50 años. En la actualidad, la mujer no sólo tiene la gran responsabilidad de cuidar y criar a sus hijos, así como de realizar labores domésticas, sino que además, tiene responsabilidades de tipo

profesional y económico. Y esto puede generar un sentimiento de culpabilidad hacia sus hijos, por lo cual buscan compensarles satisfaciendo hasta el más insignificante capricho, es decir, reparando "su irresponsabilidad de ser padre". Cuando hay poco tiempo disponible para convivir con los hijos, los padres tienden a priorizar el empleo de su tiempo y energía con ellos, olvidándose de reservar un tiempo para él o su cónyuge y aun para sí mismos. Son padres totalmente esclavos, que sólo piensan en lo que gira alrededor de la vida de sus hijos, como su ropa, intereses, actividades de la escuela, su vida social y sus caprichos materiales, sin darse cuenta de que le ponen excesiva atención a esto y descuidan a su pareja o a sí mismos, lo que a la larga repercutirá negativamente en la dinámica familiar. Así, vemos mamás "choferes" llevando y trayendo a sus hijos a todo tipo de fiesta y/o evento social, cultural o deportivo, todos los días de la semana y hasta a dos o tres eventos el mismo día. Organizar nuestra vida alrededor de los horarios y requerimientos de nuestros hijos nos hace aparecer como padres no egoístas e interesados por ellos; sin embargo, esto no es bueno ni para ellos ni para nosotros mismos. Recordemos que el ser padre no significa olvidarnos de que tenemos nuestra vida o nuestra pareja; siempre es necesario balancear nuestras actividades.

FALTA DE PERSISTENCIA DISCIPLINARIA

Muchos padres obedientes vivieron la inflexibilidad y firmeza de sus propios padres, los consideraron algo exagerados y ello lo recuerdan con angustia. Desafortunadamente, esta actitud puede inducirlos a actuar en el otro extremo, mostrándose sumamente permisivos en el cumplimiento de normas o satisfaciendo cualquier capricho de sus hijos, es decir, convirtiéndose en **padres obedientes**.

En una ocasión, comprábamos algunas revistas cuando observamos en nuestra fila para pagar, a una madre con su hijo de tres años. El niño tenía en sus manos un libro de colores que su mamá le iba a comprar, la dependiente le solicitó el libro para pasarlo por la máquina registradora y cobrarlo, pero el niño empezó a gritar que lo quería y se aferró a él a pesar de que la mamá lo trataba de persuadir para que se lo diera a la señorita. Al cabo de unos angustiantes minutos la mamá, cansada de insistirle a su hijo, le dijo a la dependiente: "Disculpe, pero no hay nada que pueda hacer, siempre se sale con la suya. Se parece a su padre." Otra dependiente que estaba al fondo de la tienda, se acercó a sugerir a su compañera que buscara otro libro igual en la bodega para que lo pudiera cobrar. La cajera así lo hizo, mientras la fila para pagar se fue haciendo cada vez más larga. Al final, la cajera pudo cobrar, la mamá pudo pagar y el niño pudo llevarse el libro, pero a costa del tiempo de los demás clientes, aunque parece que eso no le importó a la mamá ni al niño. Pareciera que en la actualidad lo fundamental es complacer a los hijos para evitar enfrentarlos y contradecirlos, sin importar que eso pueda causarles confusión, y sea el origen de sus conductas egoístas, demandantes, impulsivas y hasta agresivas.

Los padres necesitan fijar principios disciplinarios para normalizar y guiar la conducta de sus hijos. *La disciplina no es sinónimo de crueldad sino de humanidad*, porque promueve la forma-

ción del carácter y genera una actitud de lucha y superación a pesar de los fracasos. Sin embargo, en la actualidad, los padres han olvidado el uso de un conjunto de normas y reglas, hasta el punto de que son los hijos los que imponen sus condiciones y demandas.

Las escuelas procuran implementar estrategias disciplinarias para ayudar a los niños a formar su carácter pero, nuevamente, son los padres obedientes quienes, por temor a la frustración de sus hijos, obstaculizan el proceso. Un día platicábamos con la directora de un jardín de niños y nos comentaba, alarmada, sobre la actitud negativa de los padres con respecto a fijar límites a los niños; entre otras cosas, nos informaba esto: "La semana pasada tuve ocho entrevistas con papás, estaban molestos porque no era justo que a sus hijos se les fijaran límites. Querían que sus hijos fueran felices y los límites los alteraban." La directora explicaba que los límites eran lineamientos necesarios para la interacción social favorable entre los niños y para el logro de los objetivos del programa. Algunos de los límites a que se refería, consistían en compartir los crayones de cada mesa y no acapararlos todos, o no levantarse de su lugar hasta terminar el trabajo o con autorización de la maestra.

La colaboración entre la escuela y los padres es esencial para el establecimiento armonizado de programas y estrategias que faciliten la formación del carácter que habrá de reflejarse, no sólo en el ambiente escolar sino también en el hogar. En los siguientes capítulos se analizarán las consecuencias de educar a los hijos sin normas ni límites, y se plantearán algunas estrategias para aplicarlas tanto en el hogar como en la escuela. Aunque antes examinaremos las características de los hijos tiranos.

3

Generación de
hijos tiranos

La actual generación infantil ha experimentado grandes transformaciones sociales y económicas, frente a las cuales sus padres no han sabido determinar su postura ni, por tanto, ajustarla para sus hijos. Ahora más que nunca, nuestros hijos tienen grandes desventajas para enfrentar el mundo con sabiduría y ellas se deben al cambio de la estructura familiar, a la incorporación de la madre a la vida laboral y, en especial, al surgimiento de la generación de padres obedientes, entre otros factores.

Los padres de familia y profesores coinciden en afirmar que la actual generación de niños es diferente de las generaciones pasadas. Dada la educación que reciben de sus padres obedientes, estos niños no pueden ponerse en el lugar de otra persona y, en consecuencia, son insensibles, egoístas, demandantes, individualistas, faltos de compasión –aun hacia su propia familia– y violentos; en pocas palabras, conforman una generación de **hijos tiranos**.

En este capítulo descubriremos cada una de las características que los definen, y en los siguientes citaremos algunas estrategias para promover hijos más saludables y sabios.

AUTOESTIMA ALTA, PERO SIN ESFUERZO

Cualquier padre de familia tiene la tarea de brindar todo el apoyo a sus hijos para que crezcan en un ambiente que facilite su desarrollo físico, cognitivo y emocional. Hoy día, una de sus mayores preocupaciones radica en propiciar el desenvolvimiento de una autoestima positiva con el fin de que afronte los problemas sin complejos ni miedos.

La generación de hijos tiranos *aparentan* tener una autoestima muy alta. Se consideran aptos y capaces para enfrentar cualquier obstáculo con la seguridad de que los podrán resolver. Sin embargo, por desgracia en muchos casos esta concepción de seguridad en sí mismos tiene un origen totalmente artificial porque el logro de su autoestima ha dependido de la intromisión directa de los padres y no de su propio trabajo, esfuerzo y aprendizaje ante el fracaso; es decir, no se fundamenta en el conocimiento de sí mismos sino en el apoyo paterno.

Algunos padres consideran que la mejor manera de lograr una autoestima alta estriba en que su hijo no se enfrente con circunstancias que puedan llevarlo al fracaso, ya que esto provoca situaciones frustrantes que le producirían una baja autoestima. Sin darse cuenta, los padres proyectan una imagen de inseguridad e impotencia hacia las capacidades de logro de sus hijos.

Los adultos pueden originar situaciones peligrosas si centran sus esfuerzos en prevenir que los niños experimenten situaciones desafiantes, por miedo a que vivan el fracaso, porque a la larga, ello tendrá repercusiones en la depreciación de su imagen personal. En realidad, este miedo paternal no tiene ningún fundamento válido pues las investigaciones demuestran que un niño que es enfrentado tempranamente a retos –según su nivel de maduración– y los vence en forma individual, desarrolla mayor seguridad y alta autoestima.

Los niños que crecen en una "casa de cristal", donde los padres siempre se entrometen y toman decisiones por ellos, corren el riesgo de crear una dependencia total hacia los papás. La vida está llena de situaciones conflictivas y, si no se prepara a los hijos para enfrentarlas, crecerán como seres indecisos, sin iniciativas e inseguros en sus acciones y, por tanto, en el fondo desarrollarán una baja autoestima; serán, sobre todo personas carentes de motivación y capacidad de **esfuerzo** para realizar sus tareas. Además, cuando sean adultos vivirán en la inseguridad y el temor de asumir cualquier tipo de riesgo por miedo al fracaso y serán siempre dependientes de la aprobación y opinión de los demás. Un día, en un pasillo de una universidad, es-

cuchaba a un estudiante de licenciatura preguntarle a su papá por medio de su celular, en cuál materia optativa se inscribiría: "¿Papá, qué piensas?, ¿llevo astronomía o arqueología?, ¿qué me conviene más?"

Esta generación de niños tendrá tanto miedo a fracasar que crearán mecanismos de apatía, pereza, indiferencia, inseguridad y total desinterés en cualquier actividad que requiera de un cierto esfuerzo o presente un mínimo riesgo de derrota. Trabajarán con el menor esfuerzo porque en ello encontrarán su mejor excusa ante el fracaso y la mayor defensa hacia su autoestima. Entre los mejores pretextos para excusar sus fallas, podemos oír: "Para qué estudio tanto si, como sea, no lo voy a entender" o "reprobé, pero no importa porque no le dediqué mucho tiempo". Una de las estrategias más usadas para defender su poca autoestima es: "Como quiera, no le eché ganas..." No hay esfuerzo ni ganas, y, en consecuencia, no hay sentimiento de culpa.

Los niños que frecuentemente actúan con poco esfuerzo al afrontar sus responsabilidades y retos, a mediano plazo experimentarán estados de depresión o de violencia. Éste puede ser un factor que influya en el incremento de adicción a las drogas, suicidios y actos violentos tanto en la familia como en la escuela.

Cada día se dan más casos de violencia familiar, en los que los hijos no sólo insultan, sino que llegan a golpear a su padres, y también en la escuela observamos a más niños fuera de control que ofenden a su profesor y golpean a sus compañeros.

Ante situaciones de fracaso, los niños que no puedan o no sepan manejarlas sólo podrán reaccionar de cuatro formas: *apatía o indiferencia, depresión, agresividad e inseguridad.*

Ahora bien, por lo general, se aprende más con los fracasos que con los éxitos, y el crecimiento de la personalidad se va formando con base en tomar decisiones personales y enfrentar sus consecuencias, ya sean positivas o negativas.

Nosotros, como padres, debemos dejar que nuestros hijos experimenten situaciones difíciles de acuerdo con su edad, porque eso los prepara para la **vida real**, es decir, les permite desarrollar habilidades para superar problemas o soportar la frustración de no lograr algo que deseaban y seguir luchando hasta lograr su objetivo.

Los grandes seres humanos son personas que han asumido la derrota y han sabido levantarse de ella. Es grande ver a un niño levantarse por sí mismo de una derrota, ya que esto formará su carácter a pesar de la tempestad.

Hombre no es aquel que siempre vence,
sino aquel que sabe levantarse.

HIJOS EGOCÉNTRICOS

John C. Friel, autor del libro *The seven worst things* (*good*) *parents do* (*Las siete cosas peores que los buenos padres hacen*), manifiesta su preocupación por las acciones equivocadas que los padres ejercen sobre sus hijos. En su libro, Friel expone el peligro de educar a los niños con una visión egocéntrica, "si la otra persona es pobre, está enferma o en problemas, eso no es mi culpa ni me importa".

El egocentrismo es una etapa de desarrollo normal que todo niño vive entre los dos y los siete años de edad. Según Jean Piaget, psicólogo cognitivo, el egocentrismo es una característica de la etapa preoperatoria, y la define como la incapacidad cognitiva para distinguir entre su propia perspectiva y la de otro, pues el niño piensa que el mundo existe y se mueve en torno a él ("la luna me sigue", "la pelota me pegó", etc.). Por su parte, el doctor Thomas Lickona (1983) la define como la etapa cero del razonamiento moral porque los niños en este nivel de desarrollo reconocen un solo punto de vista: el propio. Ello no quiere decir que *deliberadamente* ignoren los otros puntos de vista de la gente, sino que su estado mental no les permite tomar conciencia de esas otras perspectivas.

Este estado egocéntrico es evidente en los niños del nivel preescolar: una vez que tocan un objeto, éste se convierte en su propiedad. He aquí por qué las profesoras revisan sus bolsillos antes de terminar el día. Es normal que una niña de tres años de edad le compre de cumpleaños una muñeca a su mamá porque, según ella, ese tipo de juguete es lo que más desea su madre. La respuesta de esta niña es egocéntrica ya que no puede considerar que la perspectiva de su madre considere otro tipo de deseo que no sea la muñeca (objeto valioso desde la perspectiva de la niña). Otro ejemplo lo observamos cuando un niño declara que es de su dominio todo lo que encuentra, a pesar de que otro pequeño también lo reclame como de su propiedad: lo tuyo es mío.

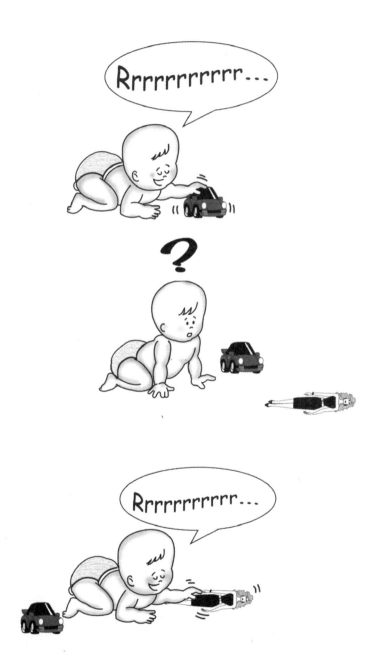

Esta etapa egocéntrica, según Piaget (1954), finaliza alrededor de los siete años; sin embargo, puede prolongarse más allá de esta edad, dependiendo de la dinámica de interacción entre los padres y sus hijos. El periodo egocéntrico puede extenderse a la adolescencia o, incluso, a la edad adulta.

Los hijos tiranos extienden su etapa egocéntrica más allá de la adolescencia, y tenemos datos registrados de que algunos la prolongan hasta el matrimonio. Estos niños creen, firmemente, que los otros –padres, profesores, familiares y amigos– viven solamente preocupados por ellos. Piensan que ellos son los únicos *actores* de su vida y los demás son la *audiencia* que los apoya y les aplaude. Este comportamiento encierra un sentimiento de superioridad que los hace creer que son el centro del universo. Estas personas pueden ver a su madre cansada de cargar las bolsas del mandado y no mover un solo dedo para ayudarle, o ver a sus abuelos llegar a su casa y no levantarse de su lugar para que se sienten, o pelearse a muerte por el último refresco que queda para la comida.

Cuando el natural egocentrismo no es manejado y superado adecuadamente –por ejemplo, cuando los padres permiten que las situaciones antes descritas se sigan manifestando–, dicho egocentrismo se transforma en egoísmo.

Uno de los conflictos que más desgastan la relación familiar, son los pleitos originados entre situaciones de *egoísmo* y *generosidad*. Algunos padres, cansados de intervenir frecuentemente para solucionar estas discusiones, han optado por resolverlas entregando a cada hijo la misma cosa; por eso podemos ver bicicletas, casas de muñecas y juguetes para cada uno de los niños, y algunas veces, hasta objetos extra por si se descomponen. A diferencia de los padres de las generaciones *silenciosa* y de los *baby boomers*, que vivían lidiando situaciones de conflicto entre sus hijos, ya que sólo regalaban una sola bicicleta para todos sus hijos. Pero aprendieron a negociar, esperar, tolerar y compartir.

FRUTOS DE FAMILIAS PEQUEÑAS Y NUMEROSAS

La convivencia en una familia numerosa permite desarrollar, en forma natural, ciertas habilidades y actitudes que en una pe-

queña serían más difíciles de experimentar. La familia pequeña –de uno a tres hijos– desarrolla una dinámica familiar muy distinta de la numerosa, lo cual se observa en aspectos como la distribución del gasto, la asignación de responsabilidades y participación en tareas cooperativas. La familia pequeña tiende a invertir más en sus hijos, los adultos se inclinan a tomar sobre sí casi todas las responsabilidades dejando a sus hijos a un lado, y la participación se mueve hacia la segmentación. Estas tendencias influyen en la formación de hijos tiranos con las siguientes características.

INTOLERANTES

Cada vez más, constatamos que los niños de hoy son menos tolerantes. Cierto día, observábamos la entrada a un jardín de niños y, como siempre, vimos niños felices corriendo de un lado a otro, pero también niños que lloraban porque no querían dejar a su mamá. Aquel día, llegó un niño llorando porque deseaba irse con su mamá y la profesora trataba de confortarlo. En un momento dado, la profesora fue a recibir a otro pequeño, y notamos que un par de compañeritos se acercaron al niño lloroso. Esperábamos que lo consolaran, pero la sorpresa fue otra. Uno de ellos se dirigió a él, gritándole: "¡Cállate, que me enojas!", y el segundo, sin decir nada, le propinó un puñetazo exactamente en la nariz. La profesora, al percatarse de lo sucedido, les preguntó a los compañeritos el porqué de su acción. Y ambos contestaron: "Porque me estaba molestando." Son niños muy susceptibles a su ego sin paciencia, cualquier cosa que los perturbe recibirá una respuesta impulsiva y, en la mayoría de los casos, agresiva. No sólo no toleran a sus compañeros, profesores o personas ajenas, sino que la intolerancia nace, crece y se expresa dentro de la misma familia.

Nuestros niños no sólo no toleran, sino que agreden cuando sienten que la situación está fuera de su control. Hace algún tiempo, platicamos con un sacerdote al respecto, y nos comentó: "Hace un mes asistí a una escuela donde me invitaron para sensibilizar a los niños sobre la importancia de vivir los valores en casa. Al estar explicando, un niño al que le calculo cinco años, se levantó y gritó: '¡Cállate viejo panzón!' Traté de no ponerle mucha atención y continué mi explicación. Al final se acercó el director de la escuela, y yo esperaba una disculpa, pero mi sorpresa fue otra ante su comentario: 'Los niños de hoy nos quitan el tapete cada rato.' El director no sólo justificó la conducta de su alumno sino que, además, la aprobó como algo normal en los niños de hoy. Mi hábito y mi consagración a Dios me impidió contestarle. **"¡Pero qué les pasa a nuestros niños y adultos!"**

La **tolerancia** nos permite adaptarnos al medio y poder crecer dentro de él. Sin embargo, la intolerancia entre hermanos, que en no pocas ocasiones incluye a los mismos padres, llega a ser algo habitual. Imaginen a estos niños como personas adultas que no puedan tolerar otros puntos de vista y comportamientos, serán unos tiranos o vivirán deprimidos y aislados porque no serán capaces de enfrentar los retos con una visión positiva.

Individualistas

El peor sufrimiento que puede vivir una familia es el egoísmo, que se revierte hacia el seno de la misma. Con el deseo de darles lo mejor a sus hijos y que no sufran lo que ellos sufrieron, los padres les cumplen hasta el mínimo capricho, se lo dan de inmediato y no requieren de ningún esfuerzo para obtenerlo. Estas son las tres condiciones para facilitar la formación de personas individualistas: **concederles todo, concederles inmediatamente y concederles sin esfuerzo.**

De esta manera, estaremos educando "monstruos" que buscarán satisfacer todos sus deseos en forma inmediata y sin esfuerzo, y en el futuro éstos se revertirán en odio y rencor hacia los padres cuando no puedan complacerlos. Si no enseñamos a los niños a apreciar y a valorar el sacrificio o la privación que suelen pasar sus padres para poder satisfacer algunos de sus antojos, se convertirán en individuos interesados, egoístas y sumamente demandantes. Tendremos adultos casados y con hijos propios que, sin embargo, esperan que sus padres les sigan dando su "domingo", es decir, exigiéndoles que los mantengan económicamente. Este tipo de adultos piensan que sus padres todavía tienen la *obligación* de sostenerlos. No obstante, también es factible que exista una codependencia, es decir, los padres aceptan continuar amparándolos con la intención de que, a su vez y en un futuro, sus hijos no los desamparen. Pero este es un truco muy sucio, que promueve el infantilismo, el individualismo y los hijos tiranos.

Demandantes

El niño que sólo recibe atenciones en forma inmediata y sin esfuerzo, no sólo se educa en el individualismo sino que, además, tenderá a ser demandante. Si el niño se habitúa a que siempre es complacido, genera una actitud demandante, es decir, de exigencia hacia sus padres; y cuando no llega a ser complacido, mostrará conductas de berrinche, de enojo y, posteriormente, de violencia. En la escuela podemos observar a estos niños reclamando la atención de sus profesores y exigiendo buenas calificaciones en sus mediocres trabajos escolares.

En un estudio realizado en una preparatoria, se les preguntó a los padres: ¿Cuáles son las responsabilidades de sus hijos? Y 90 % de los encuestados contestaron: sólo su escuela. Los muchachos son cada vez más demandantes porque se sienten con el derecho de que todo mundo esté a su servicio. El acto de darles a cumplir algunas obligaciones además de las escolares, los hace más humildes, responsables y bondadosos, y por consiguiente menos tiranos.

Haber vivido en una familia numerosa y ser uno de los hermanos mayores permitió que desarrolláramos actitudes de atención y cuidado hacia los hermanos menores. Era común vestirlos, alimentarlos, cuidarlos en la calle y en la alberca; en pocas palabras, éramos como los segundos padres. En cambio, los padres de hoy absorben todo tipo de responsabilidad sin dar oportunidad alguna a que sus hijos la vivan.

AISLADOS

Los niños que crecen en familias pequeñas, tienden a vivir más aislados que los que conviven con un mayor número de hermanos. En las familias pequeñas, por lo común, los niños no tienen la preocupación de compartir sus juguetes, tienen menor número de "conflictos interpersonales" y se acostumbran a una vida más solitaria. Este es uno de los factores que, si no se maneja adecuadamente, puede influir en el hecho de que muestren poca tolerancia hacia los demás, que no consientan que otros puedan tener atención y acaparen siempre los cuidados del adulto.

Otro factor que influye en el aislamiento es la exagerada carga de actividades que el niño debe realizar después de la escuela y hasta los fines de semana. Así, el único tiempo libre que le queda lo utilizará para aislarse de su familia, recurriendo a la televisión y a los videojuegos. Estos son los únicos momentos en los que el niño puede hacer uso de su propio tiempo, pero, desafortunadamente, en deterioro de su desarrollo cognitivo y emocional.

HEDONISTAS

Por lo general, los niños de familias pequeñas están acostumbrados a satisfacer cada uno de sus antojos casi en forma automática. El niño se habitúa a una vida de placer y comodidad pues se rige por la sociedad donde vive, vistiéndose y actuando de acuerdo con los estándares de ese medio. La moda y la "marca" representan los valores esenciales de nuestra juventud.

La generación de hijos tiranos valora su ser y sus deberes en función de si logran o no obtener con ellos un bienestar tangible y placentero. Y definen este logro como un componente natural de la vida y no como un fruto del esfuerzo y trabajo realizado y, por tanto, como un logro merecido.

HIJOS DEPENDIENTES

En la actualidad, es común observar algunos padres de familia haciéndose responsables de las actividades cotidianas de sus hijos, como vestirlos, aunque tengan 10 años de edad, darles de comer en la boca porque no son capaces de agarrar la cuchara y el tenedor por sí solos, o aun llevarles su mochila a la escuela cuando ésta tiene rueditas; asimismo, es típico que justifiquen estas conductas con frases como: "Es que ya es tarde", "pobrecitos, los levanté muy temprano", "trabajó toda la mañana en la escuela", etc. Lo cierto es que confunden ser *buen padre* con ser *esclavo personal* de sus hijos. El padre debe confiar más en que sus hijos pueden realizar sus tareas de manera independiente. Ellos deben percibir que son autosuficientes y capaces de lograrlo. Esta es la fuente más importante para la formación de su autoestima. Entre más dependan de los adultos, más creerán que son inútiles e incapaces de lograrlo por sí solos y ello ocasionará que su autoestima se deteriore.

Hijos y padres mantienen una relación similar al cordón umbilical de la madre con su hijo, cortarlo muy temprana o tardíamente provocará la muerte del niño. El cordón umbilical de atención del padre hacia el hijo es esencial para crecer en un ambiente de seguridad y protección, pero si ese cordón perdura más de lo necesario, originará una dependencia perpetua. A los padres que no lo cortan en el momento indicado, les será muy difícil hacerlo en la juventud de sus hijos. Conocemos adultos mayores de 30 años, casados y con familia propia, que todavía exigen a sus padres que los sigan manteniendo. Aún más, perciben que es obligación de sus padres que los sigan amparando porque para eso son sus hijos.

Los niños que crecen en un ambiente de total dependencia hacia los adultos mostrarán una mayor tardanza en la madurez del lóbulo frontal (como lo veremos en el capítulo 4), cuya función es reguladora e impulsora de nuestras conductas. Así, la inmadurez en esta área retrasará el desarrollo moral y ético de la persona, en otras palabras, serán *personas que actúan pero sin corazón ni reflexión*. Un muchacho que estudia tercero de secundaria, un día manejaba a alta velocidad y bajo la influencia del alcohol tuvo un percance automovilístico. Salió del hospital y su padre le regaló otro automóvil, pero esta vez *reforzado* para

proteger mejor a su hijo. Nuevamente sufrió otro accidente en las mismas condiciones y, al salir del hospital, el papá le regaló una camioneta con mayor protección. ¿Creen que este muchacho madurará, dado que su padre le resuelve cualquier contratiempo y no enfrenta las consecuencias de sus actos? Desde nuestro punto de vista, este muchacho vivirá en total irresponsabilidad y dependencia de la tutela de su padre por lo que resta de su vida.

HIJOS SIN COMPASIÓN

Cierto día, iba rumbo al trabajo y, en un cruce de calles pude observar a una persona en silla de ruedas pidiendo ayuda. Metí mi mano a la bolsa, tomé un billete de veinte y se lo dejé en su taza. Por el espejo retrovisor divisé que el billete salió de su taza y cayó al pavimento, pero además vi que la persona que iba detrás de mí se bajó de su automóvil, recogió el billete y se lo entregó. No supe quién era, pero "¡chispas!", qué corazón tan grande tiene, necesitamos más personas como él.

Ya lo dijo Nuestro Señor: "un hombre sin caridad es como una campana que suena". Es alguien que existe y que actúa, pero no trasciende ni deja huella en los demás. El ser humano es un ser trascendente por naturaleza, dado que vive en relación con el otro, concretamente con su familia. La actual generación puede crecer en un ambiente de total aislamiento, puede buscar satisfacer todo tipo de caprichos en forma inmediata y, aún más, puede no tolerar cualquier situación que implique renunciar al placer, pero crecer sin la virtud de la *compasión* es como sentenciarnos a nuestra propia autodestrucción.

No es posible crecer en la total apatía e indiferencia hacia lo que acontece a nuestro alrededor; al menos esta actitud no representa un verdadero crecimiento integral. Y, sin embargo, muchos jóvenes pueden ver a una anciana por la calle y no ayudarle a levantar su bolsa o incluso, suelen burlarse de la desgracia de otros.

Podemos pensar que esta actitud es algo que acontece fuera del círculo familiar, pero es todo lo contrario: en la familia nace y se promueve. Se induce cuando los padres sobrevaloran a sus hijos, haciéndolos el centro de la atención familiar.

El niño puede observar a algún familiar realizar una labor doméstica pesada y no se conmueve ni trata de ayudarle, o puede estar en una reunión familiar y no sentir el impulso generoso de cederle la silla a su abuelito. Estas conductas, ciertamente son consecuencia de la excesiva consideración que han tenido los padres hacia sus hijos. Por poner un ejemplo, en el momento en que llega una persona mayor a un lugar, no debiera el padre de familia ceder su lugar, sino solicitar a su hijo que lo haga y espere de pie. En la mayoría de los casos, es el padre quien cede su lugar; pero ya es hora de que su hijo vaya aprendiendo a conmoverse de otras personas y de sus padres.

Por último, podemos resumir, como sigue, el perfil del niño tirano:

- Molestan, pero no soportan ser molestados.
- Piden, pero nunca obsequian.
- Exigen, pero nunca se esfuerzan.
- Contradicen, pero nunca aportan soluciones.

4

El desarrollo y el perfeccionamiento cerebral: sus efectos en el hijo tirano

Los noventas fueron llamados la "Década del cerebro" por la Asociación Americana de la Salud. Esta denominación se debió a la gran cantidad de información e investigación que se generó referente al crecimiento, funcionamiento y desarrollo del cerebro. Desde entonces, el campo de la neurociencia ha avanzado rápidamente pues las nuevas técnicas de mapeo cerebral han contribuido a estos extraordinarios descubrimientos.

Los hallazgos de la neurología nos han ayudado a comprender mejor el crecimiento de las neuronas en ambientes estimulantes, a saber que la mejor estrategia para incrementar nuestra capacidad de memoria consiste en involucrar al mayor número de sentidos, y a vislumbrar que la habilidad matemática está íntimamente relacionada con la aptitud musical.

Los frecuentes acontecimientos violentos ocurridos en las escuelas de Estados Unidos de América han propiciado que la metodología conocida como *Brain Research*, se preocupe por analizar el funcionamiento cerebral con el fin de brindar una explicación científica en torno a las causas de la violencia en nuestra juventud.

En este capítulo, se analizan los impactos biológicos en el comportamiento de los niños, jóvenes y adultos, así como la repercusión de sus comportamientos en el desarrollo y funcionamiento cerebral. Primero, estudiaremos algunos componentes básicos del cerebro para su comprensión y estudio.

ESTRUCTURA BÁSICA DEL CEREBRO

Nuestro cerebro pesa alrededor de medio kilogramo al momento del nacimiento, al año pesa casi un kilogramo y en la adultez casi un kilogramo y medio. El cerebro de un hombre pesa un poco más que el de una mujer, pero el tamaño parece no afectar la capacidad intelectual. El cerebro ocupa 2 % de nuestro peso total, aunque usa 25 % del total de la energía corporal.

El cerebro está dividido en tres áreas, según el doctor Paul MacLean (1990):

1. La **raíz cerebral**, llamada también *cerebro de reptil*, que regula funciones básicas de sobrevivencia como la respiración, los latidos del corazón y el metabolismo.
2. El **área límbica**, llamada también *cerebro emocional*, que controla las emociones y ayuda a almacenar información en nuestra memoria. Esta área contiene los componentes que regulan los sentimientos, como la ansiedad y el estrés, y que influyen en el funcionamiento total del cerebro. Algunas de las zonas del área límbica son: el hipocampo, la amígdala, el tálamo y el hipotálamo.
3. El **área del cerebro**, propiamente dicho, está dividido en dos hemisferios izquierdo y derecho. Los dos hemisferios están conectados por un conjunto de fibras nerviosas llamadas *cuerpo calloso*, que los comunica en sus diferentes zonas o regiones. Algunos estudios (Jensen, 2000), indican que en la mujer el cuerpo calloso es más grande y denso que en el hombre, lo cual hace que se facilite la conexión interhemisférica y, en consecuencia, favorece el desarrollo de algunos procesos cognitivos, como la capacidad verbal, tanto en su expresión como en su fluidez y comprensión.

Organización cerebral

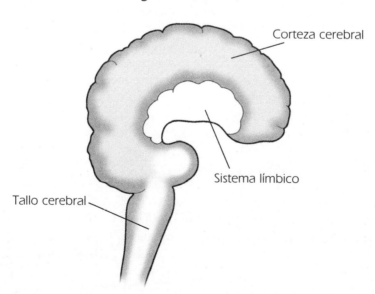

Algunas partes internas del cerebro

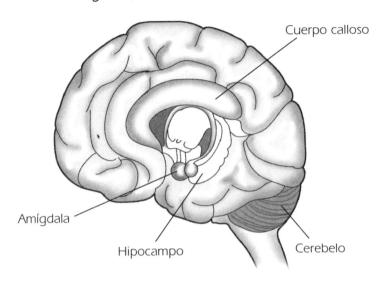

Cuerpo calloso

Amígdala

Hipocampo

Cerebelo

El cerebro posee **neuronas**, que son las células nerviosas, cuya función es trasmitir la información cerebral y conectar el cerebro con el cuerpo y viceversa, procesan las funciones cerebrales como el lenguaje, el razonamiento, la lectura y escritura, y toda la tarea del aprendizaje. Nuestro cerebro es capaz de inventar, crear, escribir, calcular y, en suma, proporcionarnos los atributos que nos hacen ser seres humanos (*homo sapiens*).

Como hemos mencionado, el cerebro está dividido en dos hemisferios.

El **hemisferio izquierdo** que tiene a su cargo el lenguaje, la lógica, la secuencia y los detalles. El **hemisferio derecho** que se relaciona con la música, el arte, la intuición, la creatividad, la imaginación y la síntesis. El lado izquierdo maneja mejor las partes, analiza la información y la descompone en sus partes en forma organizada; mientras que el lado derecho integra el todo, sintetiza la información y la relaciona en un elemento único. Desarrollar y hacer trabajar los dos hemisferios es una de las tareas más importantes de la escuela.

Cada hemisferio cerebral está dividido en lóbulos. Los **lóbulos occipitales** están ubicados en la parte de atrás de nuestra cabeza, y procesan la información visual. Los lóbulos tempo-

Neurona

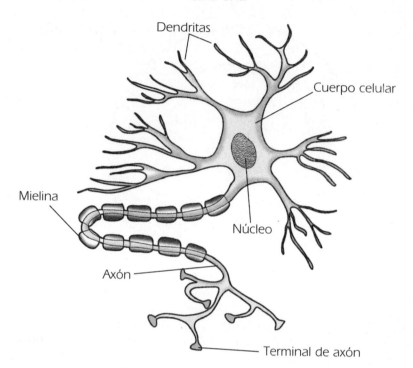

Hemisferios cerebrales y cuerpo calloso

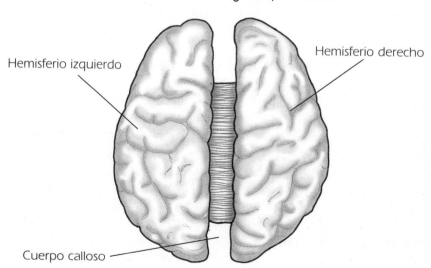

rales están ubicados en la parte de arriba de nuestras orejas, en ellos se procesa la información auditiva y algo de la memoria. Los lóbulos parietales, ubicados en la parte superior de nuestra cabeza, se encarga de los sentimientos y de las sensaciones. El lóbulo frontal, ubicado en la zona de la frente, se encarga de las decisiones, de la planeación, la creatividad y la solución de problemas. Por último, el **área prefrontal**, ubicada más adelante de la frontal, regula las emociones, la personalidad, la atención y el aprendizaje (Goldberg, 2001).

MENSAJEROS QUÍMICOS

El cerebro humano trabaja mediante sustancias químicas llamadas **neurotrasmisores**, que lo predisponen en forma positiva para aprender o transformar la información significativamente, es decir, para asimilarla y almacenarla. Sin embargo, cuando la cantidad de ciertos neurotrasmisores se ve desbalanceada por alguna causa, éstos predisponen en forma negativa al cerebro y entorpecen su buen funcionamiento y desarrollo.

Lóbulos del cerebro y cerebelo

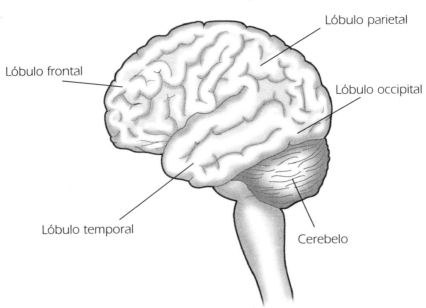

Lóbulo parietal

Lóbulo frontal

Lóbulo occipital

Lóbulo temporal

Cerebelo

La *serotonina* es un neurotrasmisor que ha sido asociado con la depresión, la hiperactividad y las conductas violentas. Es producida en la raíz cerebral y se distribuye a través de todo el cerebro, especialmente en las áreas de la emoción. La poca producción de este químico ocasiona depresión y violencia.

En algunos estudios se ha encontrado que las personas con alta autoestima presentan cantidades significativas de serotonina en sus sistemas. Son personas socialmente adaptadas y felices. Por el contrario, en personas con una autoestima deteriorada y conflictos a nivel inter e intrapersonal se ha encontrado que esta sustancia se encuentra en niveles bajos; asimismo, son personas con tendencias hacia la impulsividad, la agresión y la violencia (Sylwester, 1997).

La *corticosterona* es otro de los neurotrasmisores que intervienen en el funcionamiento cerebral. Igualmente, un desequilibrio en la cantidad de esta sustancia provocará un mal funcionamiento. Por ejemplo, cuando una persona vive una situación de estrés o ansiedad, la amígdala –ubicada en el área límbica– produce este neurotrasmisor que se distribuirá en el cerebro impidiendo la relación sináptica entre las neuronas y dificultando el funcionamiento óptimo del cerebro. La corticosterona se hace presente cuando la persona se enfrenta a una situación que le produce ansiedad, como al momento de presentar un examen o al hacer una exposición oral frente a un público, provocando nerviosismo y por consecuencia olvido. Sólo el autocontrol de las emociones o el alejamiento de situaciones amenazantes provocarán que el cerebro se normalice y recordemos la información perdida en la mente.

EL CEREBRO Y LA INTELIGENCIA EMOCIONAL

Experimentos realizados en los años cincuenta con primates (chimpancés), revelaron que el aislamiento durante varios meses producía deficiencias cognitivas y trastornos en sus conductas sociales. Sus niveles de serotonina fueron anormales, y ello se reflejó en retrasos cognitivos, agresividad y desadaptación al interactuar con otros simios (Barnet y Barnet, 1998).

Investigadores como Daniel Goleman (1995) y Antonio Damasio (1999), han encontrado que el **ambiente** no sólo moldea nuestro comportamiento sino que además, modifica la estructura y el funcionamiento del cerebro. En ambientes donde el niño es el centro de las atenciones, donde carece de cualquier otro tipo de responsabilidad que no sea la escuela, donde se le satisface cualquier antojo inmediatamente, propician que el cerebro se convierta en un *cerebro frágil* (Goldberg, 2001).

El lóbulo frontal regula y organiza la información en forma lógica de acuerdo con principios racionales, sociales, morales y éticos. Si el niño no ha sido enfrentado a situaciones de responsabilidad y no enfrenta las consecuencias de sus elecciones, este lóbulo no tendrá la suficiente información para su desarrollo. La inmadurez del lóbulo frontal producirá que el cerebro active el área anterior de éste, produciendo conductas instintivas y respondiendo con impulsividad a cualquier situación que les provoque alguna amenaza, o riesgo de perder su seguridad y comodidad. Estos comportamientos instintivos e impulsos son producto de un cerebro frágil (Goldberg, 2001), que no es capaz de afrontar los nuevos desafíos y, por consecuencia, su cerebro sólo reaccionará en forma irreflexiva, precipitada, irracional y sin responsabilizarse de las consecuencias de sus actos.

Daniel Goleman, en su libro *Inteligencia emocional*, afirma que aprender a controlar la impulsividad a una edad temprana, predice el éxito en el trabajo académico y cognitivo. El cerebro que es expuesto a retos y a responsabilidades, es un cerebro vigoroso, que es capaz de afrontar cualquier adversidad y aprende a buscar activamente la mejor opción para solucionarla. Un cerebro sano implica el desenvolvimiento de los tres estados esenciales para el *crecimiento integral* de la persona: el **saber**, el **querer** y el **hacer**. Primero, el cerebro orienta su acción hacia la comprensión del ambiente o de la situación. Segundo, valora la situación y surge la intención o el deseo de actuar. Y por último, viene la actuación que es el resultado del compromiso adquirido en los estados anteriores. Estos estados serán profundizados en el último capítulo, donde se proporcionan estrategias para educar a nuestros hijos con un enfoque hacia los valores, la moral y la ética, con un fuerte cimiento axiológico.

LA PLASTICIDAD CEREBRAL Y EL DESARROLLO EMOCIONAL

Cuando involucramos a nuestro cuerpo en alguna actividad física, ello no sólo mejora las habilidades atléticas sino que, además, tiene lugar el crecimiento muscular. Por el contrario, la carencia de ejercicio físico trae como consecuencia la pérdida de dichas habilidades y del tejido muscular. La ejercitación física es clave para el mantenimiento y desarrollo de nuestras capacidades motoras (de movimiento).

Algo similar sucede con el desarrollo del cerebro. El ejercicio cognitivo no sólo mejora nuestras capacidades intelectuales, sino que propicia el crecimiento de la masa y el volumen del cerebro. Los ambientes ricos en estimulación y acción cognitiva, y de seguridad con poca intimidación, constituyen el mejor alimento para su crecimiento y desarrollo. A esto se le llama **plasticidad cerebral**, a la capacidad que tiene nuestro cerebro de crecer y adaptarse a las circunstancias y/o aprendizajes que enfrentamos cada día. La activación cognitiva sistemática promueve el crecimiento dendrítico, es decir, de las ramificaciones de las neuronas; por el contrario, la carencia favorece la contracción de las ramificaciones de las dendritas y puede ocasionar, incluso, su muerte.

El cerebro responde a las exigencias del medio. Mayores retos y aprendizajes provocan mayor crecimiento del cerebro, pero respetando su madurez cognitiva y vigilando sus estados afectivos y emocionales. Como mencionamos anteriormente, los neurotrasmisores, como la corticosterona y la serotonina, intervienen en la formación de la estructura y organización del cerebro. Los estados de estrés y ansiedad afectan su plasticidad, al menos en tres formas:

1. La investigación (Sylwester, 2000) ha encontrado evidencia acerca de que permanecer en estado de estrés por largos periodos provoca destrucción dendrítica y disminución del volumen del hipocampo. El hipocampo es el primer filtro del proceso de aprendizaje, porque en él se desarrolla la memoria a corto y largo plazos. Por medio del hipocampo podemos almacenar la información, y posteriormente, recuperarla para su uso.

2. El estado de miedo y angustia que vive un estudiante, por ejemplo, al presentar un examen final, tiene relación con la amígdala, la cual puede interferir en el resultado de la prueba al producir el neurotrasmisor corticosterona en cantidades tales que dificulten el funcionamiento del cerebro obstaculizando la comunicación entre las neuronas. Por eso, algunos estudiantes se sienten frustrados al momento de presentar un examen, porque a pesar de haber estudiado no recuerdan nada, como resultado del estado emocional de temor al fracaso.

3. El lóbulo frontal es conocido con los nombres de *cerebro ejecutor* –según Elkhonon Goldberg–, u *órgano de la civilización* –según Alejandro Luria–. El doctor Luria identificó al lóbulo frontal como la parte del cerebro que se encarga de la voluntad, de la toma de decisiones, de los valores, de la moral, de la ética, de la responsabilidad, de la intención de nuestros actos; en otras palabras, este lóbulo es el área del cerebro que determina nuestra identidad, pues regula nuestras acciones, ambiciones y personalidad. Este lóbulo desempeña un papel fundamental en la regulación y control de la impulsividad, estrés y ansiedad. Un lóbulo frontal que ha logrado su madurez, es capaz de enfrentar frustraciones y superar fracasos. Además, este lóbulo tiene una relación directa en el éxito del proceso de aprendizaje, atención y motivación. Por tanto, desempeña un papel fundamental en los éxitos y fracasos de la conducta humana. Cuando hay un daño cerebral o inmadurez en esta área, las acciones son acompañadas de juicios pobres, lo que produce conductas antisociales que deterioran el desarrollo pleno de la persona.

El lóbulo frontal se divide en derecho e izquierdo, y ambos son los intrumentos de control del sistema nervioso central; por tanto, un mal desarrollo provocará no sólo retraso en el desarrollo cognitivo, sino atrofiamiento del desarrollo afectivo y social. De todos los lóbulos que se encuentran en el cerebro, el frontal es el más vulnerable.

El lóbulo frontal es la última área del cerebro en madurar, lo que ocurre alrededor de los 24 años de edad cronológica. Sin embargo, este periodo de madurez puede acelerarse o prolongarse dependiendo de la información genética con la que nacemos y que nos predispone el desarrollo y crecimiento del cerebro. Además, el cerebro responde actuando o inhibiendo su crecimiento neurológico, partiendo de cómo el individuo interactúa con su medio y cómo éste responde ante situaciones de responsabilidad y sus consecuencias.

La actual generación de padres puede influir en el retardo madurativo del lóbulo frontal, adoptando conductas permisivas, sumisas y proporcionando a sus hijos un hogar carente de valores, virtudes y carácter. El criar niños sin responsabilidad, no tolerantes a la frustración, consentidos hasta el mínimo capricho, ocasiona ese retardo en el lóbulo frontal, que hará de ellos adultos incapaces de tomar decisiones importantes, con un estado de *dependencia* permanente hacia sus padres y hacia los demás.

LA TESTOSTERONA Y LA PATERNIDAD

El papel de la paternidad se ha transformado en los últimos años, ¿cuántos de nuestros padres –varones– nos cambiaron un pañal? Y ahora, ¿cuántos de nosotros hemos cambiado un pañal en nuestros hijos? Los padres de hoy participan más que nunca en la vida y en la educación de sus hijos, ¿cuántos abandonan su trabajo para recoger a sus hijos de la escuela o para poder verlos en sus juegos deportivos?

Esta nueva concepción de paternidad no sólo puede entenderse bajo las nuevas demandas socioculturales, sino que, también existen elementos biológicos que explican las predisposiciones que tiene el padre hacia sus hijos como ternura, compasión y dulzura. Estudios demuestran que la testosterona, hormona masculina, disminuye su cantidad y producción después del nacimiento de un hijo. La testosterona regula el proceso de la virilidad. Esta hormona se asocia con el desarrollo de los genitales, el incremento de estatura y el cambio en la voz. Además, se relaciona con comportamientos de violencia, agresividad e impulsividad que pueden ser contradictorios con la función del padre. Sin embargo, investigaciones han demostrado que tener un hijo modifica los estados hormonales, específicamente los de la testosterona y el estrógeno.

Los padres varones experimentan mayores niveles de estrógeno –hormona sexual femenina– que los hombres que nunca han sido padres. Abrams (2002) demuestra que los hombres sufren cambios hormonales durante el embarazo de su esposa, a tal grado, que algunos de ellos llegan a manifestar síntomas de embarazo, como náuseas y aumento de peso. El incremento de estrógeno en los padres varones aparece antes de los 30 días del nacimiento y continúa durante las 12 semanas después de la concepción. Aunque el estrógeno se conoce como una hormona femenina, existe en pequeñas cantidades en el hombre, y produce una reducción en las conductas de agresividad y aumenta características de sociabilidad y de cuidado. Hay estudios que demuestran que los mejores padres varones tienen niveles bajos de testosterona y niveles altos de estrógeno.

Ross Parke, psicólogo de la Universidad de California en Riverside, explica que los hijos que manejan mejor sus emociones son aquellos cuyos padres se involucran positivamente en sus vidas, poseen mejores habilidades sociales y mayor éxito en la escuela que los padres que no se involucran.

Los niños que tienen la experiencia del amor de los padres son más estables emocionalmente, menos impulsivos, manifiestan una mejor autoestima y una visión positiva del mundo. En resumen, los padres reciben una pequeña ayuda hormonal para colaborar más activamente con la madre en el cuidado, formación y educación de los hijos. Sin embargo, la función de la paternidad va más allá de una simple hormona (testosterona); implica adquirir nuevos conocimientos sobre el crecimiento y la educación de su hijo, poseer nuevas habilidades de interacción y vivir nuevas actitudes de responsabilidad, tanto hacia la pareja como hacia los hijos.

Los padres desempeñan un papel importantísimo en la vida psicológica y social de sus hijos, y deben aceptar su compromiso sin importar su nivel hormonal –o tratando de mejorarlo, en última instancia–, ya que la responsabilidad va más allá de la excusa de un estado biológico. La investigación ha revelado que las hormonas facilitan una transición a la paternidad. No obstante, la definición de esa paternidad, sin duda, dependerá de la cultura y de la sociedad.

5

Aquellas carencias de ayer son valores hoy

La generación de padres obedientes recuerda su infancia con cierta nostalgia, porque descubre con ojos de hoy algunas fallas y carencias en la educación que recibieron de sus padres, la mayoría de los cuales no tenían preparación profesional o universitaria. Los padres obedientes crecieron rodeados de muchos hermanos, se sintieron desamparados por la autonomía que sus padres les dieron tempranamente y experimentaron responsabilidades que, algunos, consideraron perjudiciales para su desarrollo. Estas experiencias familiares han generado un cierto resentimiento hacia ese estilo de vida, y ahora que son padres desean evitarlo con sus hijos. Sin embargo, estas carencias o privaciones no deben ser vistas como deficiencias o abandono por parte de sus padres, ya que ellos respondieron a ciertos requerimientos de su propio contexto familiar y social. Los padres de hoy no deben tirar a la basura todas sus vivencias de la infancia; algunas fueron errores que no deben ser cometidos nuevamente, pero también hubo muchos aciertos que deben ser considerados para aplicarlos en su nueva familia. Algunas de las deficiencias o vacíos que experimentaron en su niñez, son valores necesarios que toda familia debe recuperar para comunicarlos e infundirlos en las generaciones venideras.

CARENCIA 1: PADRES QUE LUCHARON PARA LOGRAR ÉXITO EN SU VIDA PROFESIONAL SIN ESTUDIOS PROFESIONALES

La mayoría de los padres de la generación silenciosa, específicamente las madres, no tuvieron estudios universitarios pero lucharon tenazmente para darles a sus hijos una carrera. Esta generación silenciosa, papás de la generación de padres obedientes, luchó para hacerse de una posición; no les importó empezar desde abajo para, con perseverancia, esfuerzo y mucho sacrificio lograr salir adelante y ser reconocidos por sus logros. La generación de padres obedientes es producto de este modelo, sin embargo, creemos que lo han olvidado. Actualmente, los padres no sólo procuran darles a sus hijos una carrera profesional, sino que también tratan de que estudien en las "mejores escuelas" sin importar el precio; los atiborran de clases y actividades extracurriculares sin importar el sacrificio y el tiempo que invierten –tanto los padres como los hijos– y, lo más importante, los padres se oponen a la idea de que sus hijos sean los actores secundarios en las actividades donde intervienen. Siempre desean que sus "retoños" sean los centros delanteros en los juegos de futbol, o que empiecen como lanzadores en los juegos de beisbol, o sean los *quarterbacks* en los juegos de futbol americano; es decir, buscan que sus hijos sobresalgan a cualquier costo y menosprecian los trabajos secundarios, como el de defensa en el futbol o el jardinero en el beisbol. En todo momento, buscan que su hijo sea la estrella, pero sólo cuando esto no implique empezar desde abajo y ganárselo con esfuerzo y sacrificio; por ello, se convierten en su consejero, haciéndole comentarios, dándole instrucciones sobre cómo jugar mejor o, incluso, atreviéndose a decirle al entrenador qué posición es la mejor para su hijo.

Por otro lado, hoy día tenemos muchas empresas y organizaciones que fueron formadas por la generación silenciosa que inició desde abajo. A ellos les tocó empezar como empleados y, a base de trabajo y empeño, lograron crear nuevas industrias. Los egresados de las universidades, en la actualidad, desean iniciar su vida profesional como directores o gerentes, con oficina propia y con carro lujoso; no está en su mira iniciar desde abajo

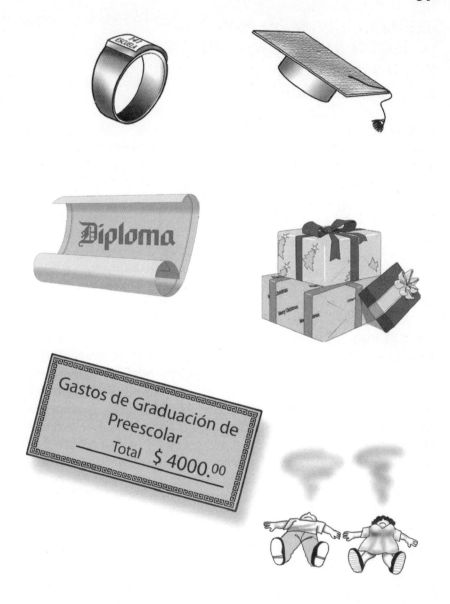

y, por consiguiente, no valoran el esfuerzo que se requiere para lograr metas. Es una generación mediocre y cómoda que invierte el mínimo de esfuerzo y espera las máximas recompensas. No olvidemos que son el esfuerzo y la tenacidad lo que da valor real a la vida; lo que se logra con trabajo y empuje, se valora, y por tanto, se respeta.

CARENCIA 2: FAMILIA NUMEROSA Y RESENTIMIENTO DE DESAMPARO

Los niños que crecieron en medio de una familia numerosa pueden tener un cierto resentimiento hacia esa situación familiar, porque es probable que sintieran que sus padres no les dedicaron el suficiente tiempo durante su niñez. Y esto puede originar una actitud de sobreatención y sobreprotección en sus futuros hijos, creando niños dependientes hacia sus padres, coartando su iniciativa y libertad.

Hace tiempo conocimos a una pareja que no sabía qué hacer con su hijo porque constantemente demandaba la atención de ellos. "¡Mamá, mamá estoy aburrido!", gritaba el hijo. "Tu mamá está ocupada haciendo la comida. Ve y juega tú solo", contestaba la madre. "Pero, mamá, estoy aburrido y quiero que juegues conmigo", insistía el niño. "Pero, hijo, tu padre va a llegar y no está lista la comida. Termino y voy a jugar contigo", le decía nuevamente la mamá. "No, quiero que juegues conmigo", exclamaba el pequeño y entonces empezaba a escenificar sus rabietas y corajes. La madre cedía e iba a jugar con su hijo "porque le podrían hacer daño tantos corajes". La pareja nos confesó que toda la vida de su hijo, siete años, había recibido total atención, ya fuese por parte del papá o de la mamá, y sólo descansaban cuando él iba a la escuela o dormía. Consideraban esencial su presencia y participación en las actividades del pequeño y pensaban que dejarlo jugar solo era una actitud de padres sin responsabilidad.

Es probable que las personas que tuvieron la oportunidad de crecer en una familia numerosa hayan vivenciado algunas deficiencias en cuanto a atención o carencias semejantes, sin embargo, gracias a ellas desarrollaron habilidades que les han ayudado a formar un carácter fuerte y decidido hacia el logro, y les permiten no desanimarse ante los fracasos y frustraciones. Desarrollaron una serie de habilidades y actitudes que, en general, son más difíciles de adquirir en una familia pequeña. Por lo común, la familia numerosa permite desenvolver capacidades como la tolerancia, la aceptación, la generosidad y la espera.

1. **Aprender a tolerar.** La tolerancia enseña a tener paciencia, así como a reconocer y aceptar las diferencias individuales. La tolerancia desarrolla el respeto entre los miembros

de una comunidad –ya sea familiar o de otro tipo–; los enseña a reconocerse entre sí mismos, con sus fuerzas y debilidades.

Tolerar es una habilidad que nos ayuda a convivir, respetar y aceptar a los demás tal como son en un grupo familiar. Convivir diariamente con seis u ocho personas bajo el mismo techo, no es nada fácil.

La dinámica de interacción entre dos personas es muy compleja. Pensemos, por ejemplo, en la vida en pareja. Si decido iniciar un compromiso serio y duradero con otra persona, tengo la libertad y el tiempo para buscar, investigar y elegir a la pareja que me acompañará toda la vida. Y aunque vivir en pareja es un acto libre y consciente, no está libre de desacuerdos, diferencias y hasta discusiones. Imaginemos, ahora, el hecho de convivir con seis u ocho personas que comparten el mismo techo, el mismo comedor, la misma sala y muchas veces hasta la misma recámara y baño. Son personas a las que no se tuvo la oportunidad de elegir como padres y hermanos, pero que por cuestión cultural y moral necesito respetar, amar y tolerar. Vivir en una familia numerosa desarrolla la capacidad de tolerancia. Tolero que mi hermano tome un juguete mío sin pedirme permiso, tolero a mis padres que no pueden estar conmigo porque están con otro hermano, y tolero el mismo menú de comida cada semana porque mi madre no puede complacer al mismo tiempo a cada uno.

2. **Aprender a aceptar y acceder.** El niño que crece en una familia numerosa acepta la situación de no poder satisfacer todos sus deseos porque los padres necesitan repartir equitativamente sus ingresos a todos sus hijos. Cuando el niño empieza a comprender la posibilidad económica que tienen sus padres para satisfacerle o no sus deseos materiales –ropa, juguetes, viajes, etc.–, desarrolla una actitud de aceptación, simpatía y agradecimiento hacia los demás, sin la condición previa de recibir o satisfacer sus antojos. Hoy nos encontramos con el comentario: "Todos lo tienen, menos yo"; esto refleja que los niños se dejan llevar por una mayoría anónima que busca ropa de marca, determinado juguete, ir a determinado lugar, etc. Si el niño no obtiene lo que quiere, en el momento que lo desea, se desencadenan en él una serie de conductas negativas. En el futuro, este niño limitará su crecimiento y desarrollo profesional a los recursos materiales, buscando someter a todo el mundo a

sus caprichos y, al no satisfacerlos, adoptará una actitud pasiva y mediocre. En cambio, el niño que acepta las posibilidades de sus padres, crecerá seguro por lo que **es** y no por lo que **tiene**, y sus actitudes frente a la vida serán diferentes, por ejemplo: "No importa que no tenga automóvil, puedo ir a la universidad en camión" o "No importa que de momento no tenga una oficina y secretaria en el trabajo, con el tiempo verán de lo que soy capaz y entonces tendré mi propia oficina."

3. **Aprender a compartir.** Vivir en familia numerosa no sólo implica aprender a tolerarnos los unos a los otros sino que, además, aprendemos a compartir, que es el acto tan hermoso de dar y recibir. Como lo discutimos anteriormente, los niños tiranos crecen en ambientes aislados, donde siempre exigen pero nunca obsequian, lo que tienen sólo es de ellos y no lo comparten con nadie. En la familia numerosa, al menos, cuando los padres no tienen la posibilidad de satisfacer el gusto de cada uno, lo hacen para todos. Algunos de nosotros podemos recordar que, cuando éramos pequeños, nos regalaban una bicicleta para todos y aprendimos a compartirla, incluso desarrollamos horarios para que cada uno la disfrutara el mismo tiempo. Todavía no comprendemos cómo es que pudimos sobrevivir en una familia con seis hermanos y un solo baño para todos. En cambio, ahora los padres compran una bicicleta a cada uno de sus hijos para evitar problemas y discusiones entre ellos, sin saber que así les impiden desarrollar habilidades como la negociación y, sobre todo, la de compartir.

El egoísmo puede ocasionar la desintegración familiar, sus miembros necesitan compartir sus dones para el bien común. La familia pequeña necesita crear momentos donde pueda incorporar situaciones de distribución de espacio y de tiempo, así como del gasto familiar.

4. **Aprender a esperar.** En las familias pequeñas, por lo general, los niños son sumamente demandantes con respecto a la satisfacción inmediata de sus deseos. En cambio, los miembros de familias numerosas desarrollan su paciencia y aprenden a esperar. Para cada uno de ellos, es normal esperar su turno al servirles de comer, esperar su turno para usar el baño y hasta esperar su turno para ser atendido por sus padres. La generación silenciosa tenía una sola bicicleta y aprendía a negociar y a esperar su turno. Sus padres consideraban que satisfacer con va-

lores materiales a sus hijos era intrascendente, pero ayudó a estos hijos (*baby boomers*) a desarrollar habilidades y actitudes para compensar las carencias.

Esta capacidad de esperar, según Daniel Goleman, es una de las más importantes para el desarrollo cognitivo e intelectual. Goleman (1999) lo demostró con un grupo de niños que fueron invitados a una entrevista. En medio de la sesión, les dijo a cada uno de ellos: "Necesito salir, si deseas, puedes comerte el malvavisco o bombón de dulce que está enfrente de ti, pero, si al regresar no te lo has comido, te daré dos más." Goleman salía de la oficina y dejaba a los niños sólo por unos momentos, algunos de ellos no resistían la tentación y se lo comían pero otros esperaban y al regresar el entrevistador les daba dos. Después de 10 años volvió a localizar a estos niños, que ya se encontraban en preparatoria y universidad, y descubrió que los que esperaron y no se comieron el bombón, tenían una mayor puntuación en las pruebas de inteligencia y académicas. En cambio, en los niños impulsivos que no esperaron y se comieron su bombón, encontró puntuaciones hasta de 120 puntos abajo en comparación con los niños que esperaron. Goleman (1999) demostró una correlación muy estrecha entre la capacidad de esperar, el control de su impulsividad y su desarrollo intelectual. La conclusión de Goleman es clara: el dominio emocional y el fortalecimiento del carácter son determinantes en el desarrollo cognitivo e intelectual de la persona.

CARENCIA 3: AMISTAD CON LOS PADRES

La generación de los *baby boomers*, padres hoy, vivió su niñez y juventud en una época de conflicto, rebeldía y cuestionamiento hacia la autoridad. La consideraban deficiente e innecesaria porque obstruía su desarrollo con ideas arcaicas e imposición de castigos y límites. Así, la actual generación de padres considera que no debe existir una relación formal entre padres e hijos, sino una amistad informal, que rompa las barreras de seriedad y se lleve a cabo en forma más espontánea y estrecha. La relación debe ser de "cuatachos".*

*Cuatacho viene de la palabra *cuate*, cuyo origen es del idioma Náhuatl, y significa "el mejor amigo".

La psicología moderna considera esencial para el desarrollo de la autoestima infantil, una relación franca y abierta entre padres e hijos. Una relación directa y sincera ayuda a enfrentar con mayor optimismo y seguridad la realidad desde muy temprana edad. Crecer en este ambiente de apertura, impulsará al niño a mostrar más tenacidad en sus acciones y le proporcionará mayor iniciativa y esfuerzo para el logro de sus metas. Sin embargo, actualmente los padres han convertido esta relación de apertura y confianza hacia sus hijos, en una relación de total irreverencia, insolencia y grosería hacia los padres. Al respecto, en una ocasión observamos, a la hora de salida de la escuela, a una mamá que hablaba con una profesora; en ese momento su hijo, de alrededor de cuatro años, se acercó y le dio un puntapié, pero la mamá, sin inmutarse, continuó hablando con la maestra. Mientras tanto, otra profesora, al ver lo sucedido, se aproximó al niño y le dijo "a la mamá nunca se le pega", ante lo cual la mamá reaccionó contestándole a la profesora: "No le hable así a mi hijo." La mamá continuó con su charla y la profesora dio media vuelta y se fue. Los padres se confunden y piensan que crear una relación de confianza y apertura con sus hijos implica una relación de total libertad sin límites, permitiendo el desenfreno en los actos y palabras de parte de sus hijos. Así, no es raro observar a más y más niños pequeños que golpean a sus padres, sin ninguna reacción correctiva hacia ellos.

Una relación de respeto y estima no se contradice con una relación de compañerismo. El niño debe aprender que la libertad tiene un precio de respeto y responsabilidad, y su incumplimiento trae consecuencias negativas. El castigo o la reprimenda son necesarios, y muchas veces inevitables, para que los hijos tomen conciencia de que no todas sus acciones son aprobadas.

Los límites son importantes para que los niños empiecen a valorar lo que son ellos mismos, los demás y los objetos. Fijar límites a los hijos les ayudará a crecer en un ambiente de respeto y libertad necesarios para su desarrollo. Cuidar de no perder la amistad de los hijos, no implica olvidar la principal función, que es **ser padres**.

CARENCIA 4: FALTA DE PROTECCIÓN ANTE LAS DIFICULTADES DE NUESTRA NIÑEZ

Algunos padres que pertenecieron a la generación de los *baby boomers* suelen tener resentimientos hacia sus propios padres por creer que los dejaron desprotegidos, en cierto grado, por atender a sus hermanos menores. Y no sólo los desprotegieron, sino que piensan que les dieron grandes responsabilidades para su edad, como cuidar a sus hermanos menores, darles de comer, vestirlos, y vigilarlos, mientras sus padres brindaban atención a los más pequeños. Sin embargo, esta situación de alienación, que se generó por necesidad y en forma natural, vista desde otra perspectiva, les formó una actitud de desprendimiento, de responsabilidad y de compartir. Ella les ayudó a estar consciente de que no son el origen ni el centro de la familia ni de la sociedad, y de que siempre existe "el otro" que comparte y merece un espacio en nuestra vida. En otras palabras, desarrollaron la *humildad*, entendida como el *proceso de la toma de conciencia de* **mi ser** *reflejado en el* **otro**.

Sus progenitores dejaron de atenderlos en el momento en que fueron llegando sus hermanos pequeños, los dejaron solos para empezar a valerse por sí mismos y tuvieron que desarrollar habilidades para sobrevivir. En torno a ellos, unos padres nos contaron que, cuando su hijo tenía un año y dos meses, nació su hermana y, por tanto, ella ocupó, junto con su madre, el asiento delantero del automóvil y al niño lo mandaron al asiento trasero; en aquel entonces no había silla de seguridad, así que el pequeño se la pasaba parado en el asiento y, por consiguiente, en todos los altos vivía en el piso. Esto hizo que desarrollara mejor su equilibrio y fortaleciera sus brazos y piernas para evitar caer al piso cada vez que su padre hacía un alto. Al desprenderse de los brazos de su madre a tan temprana edad, aprendió rápidamente a tomar el biberón por sí mismo y a jugar solo mientras su madre atendía a su hermana; en pocas palabras, desarrolló su independencia y su autoestima a partir de sus logros y fracasos.

En este apartado no justificamos el *total olvido* de los padres hacia los hijos, sino que queremos mostrar que es importante que el niño experimente momentos de falta de atención para que desarrolle su capacidad de independencia y humildad. Hemos observado niños sobreatendidos que no son capaces de jugar un momento solos y dejar que sus padres dediquen ese tiempo para ellos. Una mamá nos comentaba que siempre tenía que estar jugando con su hijo porque el pequeño "se aburría si jugaba solo". Este es un síntoma de los niños sobreatendidos: los padres ceden a todos sus deseos. Por desgracia, muchos padres creen que la solución a esta problemática es poner a sus hijos frente a la televisión o un videojuego. Sin embargo, por este medio no logramos su independencia, sino que fomentamos aún más la dependencia, quizá no hacia la familia, pero sí hacia la tecnología, en perjuicio de su creatividad. Dejemos a los niños que decidan los juegos que deseen crear, permitámosles que cuenten con un tiempo libre para que aprendan a responsabilizarse de sus propias actividades. Es necesario que el niño se aburra para que llegue a crear nuevas ideas.

CARENCIA 5. INDEPENDENCIA Y ENFRENTAMIENTO DE FRACASOS Y FRUSTRACIONES

En la actualidad, se considera que un buen padre es aquel que está atento y pendiente de cada detalle de sus hijos, aunque esto suele expresarse en el hecho de que los padres arreglen toda la vida de sus hijos para que las cosas salgan como ellos quieren. Los padres que son así, se involucran en cada una de las actividades académicas, atléticas y sociales de sus hijos, con el fin de ayudarles a ser mejores en su desarrollo y procurándoles que tengan éxito en todo lo que realicen para que no experimenten ninguna frustración. Sin embargo, lo que estos padres están desarrollando son niños dependientes e inseguros, que no saben manejar situaciones de fracaso en su vida.

La niñez actual debe identificar que su realización personal se logra por medio del conocimiento y aprecio que tenga de su persona, para lo cual es esencial la aceptación y valoración del otro. El niño que manifiesta con lujo de poder, verbal o físico, su superioridad hacia el otro, igualmente manifiesta su menosprecio hacia sí mismo y su inferioridad. En cambio, el niño que manifiesta con lujo de poder, verbal o físico, su aprecio y reconocimiento hacia el otro, igualmente manifiesta con lujo de poder su trascendencia y alta autoestima.

Quizá sea muy difícil fomentar y practicar esta actitud en una familia pequeña, entonces extendámosla hacia otros familiares, como primos, sobrinos y abuelos, y si fuese posible, extendámosla también fuera de la familia. Enseñemos a nuestros hijos que, cuando los abuelos estén en la casa, recibirán toda nuestra atención y reconocimiento; por ejemplo, invitemos a los niños a ceder sus sillas a sus abuelos, o a darles el último vaso con el agua de sabor que es la favorita de los niños.

6

Hacia una generación de padres más sabios e hijos más humanos

En los capítulos anteriores se reflexionó sobre la transformación de los valores sociales y familiares de las nuevas generaciones de padres e hijos, y sus implicaciones en su desarrollo tanto intelectual como afectivo. La reflexión estaría incompleta sin la proposición de algunas avenidas de acción para los padres, que les ayuden a definir claramente su punto de vista y generar algunas estrategias para ser *padres más sabios* y educar *hijos más humanos*.

Una estrategia es el uso de la **inteligencia moral** en la formación integral de los niños. Se entiende por ésta la capacidad de diferenciar entre lo correcto y lo incorrecto; teniendo por consecuencia fuertes convicciones éticas que se aplican en la vida práctica. El uso de la inteligencia emocional, no es un proceso académico que se estudie, se memorice y se guarde; es un proceso vivencial que nos ayuda a reconocer la necesidad del otro, a evitar deseos de crueldad, a controlar la impulsividad, a escuchar abiertamente otros puntos de vista antes de juzgar, a aceptar y a apreciar las diferencias, a rechazar ofertas no éticas, a empatizar, a luchar contra la injusticia y a tratar a otros con respeto y compasión. El padre de familia es el agente más importante que incorpora los elementos morales en el hogar. La pobre supervisión de los adultos, los modelos inadecuados de conducta moral, el desvanecimiento del espíritu religioso de las vidas y la inestabilidad e inadecuada formación de padres son algunos de los motivos de la decadencia de la actual generación de padres e hijos.

Las orientaciones que propone este capítulo involucran desde una reflexión acerca de los papeles que desempeñan los padres hasta algunas implicaciones en el campo de la formación de sus hijos.

PADRES VALEROSOS Y FIRMES

El primer punto que necesitamos discutir es el nuevo papel que el padre y la madre precisan adquirir para lograr que sus hijos desarrollen mejores actitudes hacia sí mismos y hacia los demás.

Formar hijos íntegros y más humanos no es tarea fácil. Existe una gran presión social y familiar para educarlos en un mundo de consumismo, complacencias, mediocridades y flojera. Las personas más cercanas a ti se encargarán de advertirte y aconsejarte sobre los malos tratos que proporcionas a tus hijos. "No seas un ogro, el pobrecito está cansado de estudiar. Hazle la tarea", o "dale lo que quiere, ¿no ves que el coraje que hace le va a hacer daño?", o "no seas tan exigente, déjalo que haga lo que quiera"; comentarios como éstos te harán dudar en tu tarea de formación y pueden orillar a considerarte un mal padre o una mala madre. Necesitamos padres valerosos que confronten y desafíen a otras familias en el quehacer formativo. Padres que no tengan miedo a las opiniones o reproches de los demás. Padres que puedan enfrentarlos sin temor y convencidos de que sus prácticas familiares son las mejores para formar hijos íntegros, libres, felices y más comprensivos.

Necesitamos padres **firmes** que, a pesar de la presión, conserven y mantengan su postura y empleen acciones habituales y persistentes para lograr que sus hijos adquieran actitudes positivas y permanentes. Padres perseverantes en su comportamiento con respecto a la educación de sus hijos porque así ayudarán a crear un clima de confianza y seguridad, necesarios para desarrollar una autoestima positiva en sus hijos.

CONSEJOS PARA PADRES

IMPORTANCIA DE LOS RITUALES FAMILIARES

La familia que realiza rituales que involucran a todos sus miembros, crece en un medio de seguridad y confianza donde los niños van ordenando su vida y sus propios actos. Sin la existencia de estas reglas los niños se sienten inestables, desarrollan miedos o, incluso, comportamientos tiránicos. Hay que recordar que una educación totalmente libre no garantiza niños felices. La familia debe favorecer la creación de actos habituales que todos conozcan y cumplan. Algunos ejemplos de estos rituales familiares son: comer juntos en la mesa y poner los platos en el fregadero al terminar, visitar los domingos por las tardes a los abuelos u otros familiares cercanos; no ver televisión hasta terminar la tarea; poner la ropa sucia en el cesto indicado, y la hora de dormir no irá más alla de las 9:00 de la noche, salvo casos excepcionales.

Crear rutinas ayuda a desarrollar hábitos y actitudes que serán la fuente de la formación del carácter. La rutina ayuda a la adquisición de hábitos y éstos facilitan la realización de actividades cotidianas como estudiar, comer y dormir. La carencia de estos hábitos produce un gran desgaste emocional en conflictos y discusiones, tanto para los padres como para los hijos. En nuestros estudios, observamos un gran cansancio de padres e hijos, pues se sienten hastiados por tantas confrontaciones con las que la relación entre ambos se deteriora y, finalmente, originan que el padre se sienta obligado a imponer la realización de una tarea. La implantación de rituales familiares debe iniciar tempranamente con los hijos. Desde pequeño, el niño debe habituarse a cumplir con ciertas reglas, como recoger su ropa y ponerla en el cesto del clóset, tener un horario para hacer la tarea, etc. De esta forma, nuestros hijos saben qué hacer, qué se espera de ellos y, lo más importante, viven en un ambiente donde puede predecirse qué va a pasar si se cumplen o no las reglas establecidas en casa. Estos rituales son la base para la creación de los hábitos que poseerán a partir de la adolescencia y que abarcarán cualquier aspecto de su vida. Sobre todo, hay que recordar que los niños aprenden mejor si nosotros, como adultos, les damos el *ejemplo*.

SER CONSISTENTE

Este punto es uno de los más importantes y, a la vez, más olvidado por los progenitores. Los padres *inconsistentes* cambian las reglas, las demandas e, incluso, las consecuencias establecidas, sólo para cubrir las necesidades del momento y caprichos de sus hijos. La inseguridad en el cumplimiento de normas provoca inestabilidad en las relaciones familiares porque algunas consecuencias son cumplidas y otras no, pero es fundamental destacar que la inconsistencia no promoverá la formación de un carácter firme, que se adquiere mediante el ejercicio continuo y a través del tiempo.

Algunos padres, desesperados por haber perdido el control con sus hijos, utilizan estrategias disciplinarias que repercuten en forma negativa en su personalidad. En una ocasión, una profesora de preparatoria nos relataba que uno de sus alumnos se había acercado a ella para preguntarle: "¿Pueden mis bajas calificaciones causar que mis padres se divorcien?" Y la profesora le respondió que podía haber otros factores que ocasionaran el divorcio. Sin embargo, ella notó que este muchacho había empezado a manifestar otras conductas de desadaptación como aislamiento, nula participación en actividades extracurriculares y cierto nivel de depresión y tristeza. En una reunión de padres de familia, la mamá del joven se acercó a ella y le preguntó sobre su hijo. La profesora le contestó que él había tenido una pequeña mejoría académica y la señora le respondió: "Creo que la estrategia que utilizamos con nuestro hijo está funcionando." "¿De qué habla señora?", le interrogó. Entonces la señora le explicó a la profesora que su esposo y ella le inventaron a su hijo que se iban a divorciar por causa de él; sus bajas calificaciones producían discusiones entre ellos y eso provocaría que se separaran. La profesora, al oír esto, trató de convencerla de que eso sólo produciría problemas más serios para su hijo. Pero la mamá, orgullosa, le contestó: "Creo que ha sido la mejor medida que hemos tomado con nuestro hijo y estamos seguros de que ahora sí nos hará caso."

Los padres están perdiendo el control sobre sus hijos y se sienten orillados a crear medidas disciplinarias peores, que dañan su autoestima y su seguridad ante los demás. Podrían evitar esto si, simplemente hubieran fijado pequeños límites a tiempo.

Es importante que el niño conozca los límites a los que puede llegar porque eso le dará seguridad. Los niños necesitan predecibilidad, es decir, conocer de antemano lo que va a pasar si cumplen o no con las reglas. Si los padres se van a los extremos, ya sea que se muestren demasiado permisivos o, por el contrario, muy estrictos, sólo provocarán que el niño se angustie tratando de adivinar cuáles serán las consecuencias de su conducta ya que no sabe qué se espera de él.

Hay que recordar que las respuestas paternas ante las conductas, tanto positivas como negativas, deben ser inmediatas, esto es importante para el niño; además, deben darse en forma tranquila y clara. Otro aspecto fundamental estriba en que las reglas y las consecuencias deben ser clarificadas y establecidas tanto por los padres como por los hijos. Con esto se evitará estarle recordando, frecuentemente, a su hijo lo que tiene que hacer o cómo debe comportarse cuando esté solo. Lo importante de esto es llevarlo a cabo siempre, la *constancia* es la clave para el éxito y una buena formación de los hijos.

SER CENTINELAS DE SUS HIJOS

La función de un padre debe ser similar a la de un centinela que vigila y observa, desde un punto, el campo de batalla. Algunos estudios (Longmore, 2001) demuestran que el apoyo afectivo, la confianza y la apertura de todos los canales de comunicación entre padres e hijos, no son suficientes para prevenir problemas como la drogadicción, el alcoholismo o la iniciación de relaciones sexuales tempranas o no deseadas. La investigación sugiere que el control familiar, el monitoreo y la supervisión ayudan a prevenir las adicciones en los hijos. Algunos padres tienen la creencia de que si les dan amor, amistad, seguridad y confianza serán capaces de repudiar, por sí mismos, las tentaciones. Recordemos que la presión social y, sobre todo, la influencia que ejercen los amigos puede determinar la elección de participar en actos que la familia ha tratado que su hijo evite, brindándole su comprensión y confianza. ¿Cuántos padres de familia se han decepcionado por la conducta de sus hijos? Un padre nos explicó: "Yo confiaba en mi hijo plenamente, nunca le preguntaba sobre los lugares que frecuentaba, ni con qué amigos iba. Consideraba a mi hjo una persona madura y responsable de sus actos. Yo siempre le daba mi apoyo y mi confianza. No puedo creer en lo que ha caído." Enseguida, nos comentó que su hijo había sido encarcelado por participar en actos vandálicos y posesión de droga. Otra madre de familia nos relató el caso de su hija: "A mi hija siempre la eduqué en valores. Y cuando tuvo novio siempre confié en ella y le decía que cuidara su persona y se hiciera respetar. Y mi hija me respondía que no me preocupara, que tenía muy claros los valores y que su novio siempre era muy respetuoso. Confié en ella y nunca me preocupé ni la supervisé. Pero a los tres meses quedó embarazada."

No dejemos de amar a nuestros hijos, no dejemos de confiar en ellos pero, por ningún motivo, los dejemos sin supervisión y control. Dejemos que nuestros hijos vuelen solos, pero siempre vigilándolos a distancia, como un *centinela* que ampara y cuida lo que es suyo aunque, a su vez, da libertad. El hijo necesita tener sus relaciones sociales y amistades; no obstante, el padre debe conocer la respuesta de las siguientes preguntas:

- ¿En dónde está?
- ¿Con quién está?
- ¿Cómo está?
- ¿Cuándo regresará?
- ¿Cómo regresará?

Estas preguntas son fáciles de contestar cuando los hijos son pequeños, pero cuando crecen se vuelven más difíciles e, incluso, en ese momento se convierten en cruciales. El adolescente se cree adulto más pronto de lo real y exige ciertos derechos a sus padres, creando conflictos y roces. En este momento es cuando los padres necesitan ser más centinelas porque en esta etapa, la adolescencia, es más factible que ocurra la adquisición de adicciones y el desvío de los valores. El padre realiza una doble función: de amigo que deposita su confianza y proporciona un apoyo incondicional en su toma de decisiones, pero a la vez vigila y cuida como un centinela, manteniéndose informado acerca de lo más apreciado, sus hijos.

Últimas palabras: Inicio de una gran aventura

La obra, PADRES OBEDIENTES, HIJOS TIRANOS, proporciona a los padres de familia una nueva visión de sus funciones y tareas. No trata de destruir los papeles actuales que desempeñan, sino de reflexionar sobre su actuar y cómo las nuevas exigencias sociales, culturales y emocionales, los empujan hacia una disfunción familiar, si no están bien preparados para enfrentarla.

Algunas personas piensan, que la función de ser padre se adquiere automáticamente en el momento de concebir a un hijo, y que su dominio y saber lo adquieren en forma innata, observando a otros padres o recordando cómo fueron educados cuando eran pequeños. A pesar de que 93 % de los adultos mexicanos (INEGI) son padres, no hay ninguna institución educativa y social que eduque e instruya para ser padres.

Todos los estudiantes de preparatoria cursan la materia de álgebra; sin embargo, muy pocos utilizarán este conocimiento en su vida académica y profesional. Las escuelas y las instituciones sociales, no sólo deben preocuparse por formar excelentes profesionales, sino además, formarlos integralmente en su desarrollo de sí mismo, hacia los demás, su pareja e hijos.

Nuestro reto es difícil, pero no imposible. Cada día se incrementan más elementos sociales, tecnológicos y culturales –como la televisión, los videojuegos, la música y la publicidad– que influyen en el menosprecio de lo ético y lo moral. Nuestros hijos, más que nunca, se enfrentarán por ellos mismos con la pornografía, el satanismo, el materialismo, la drogadicción, la vulgaridad y la glorificación de la violencia. Necesitarán de una familia valerosa que pueda decir "no" y mantenerse firme en sus reglas y normas familiares, a pesar de la presión psicológica que pueden ejercer hacia sus padres para obtener sus deseos. Los hijos deben encontrar en su familia estabilidad y constancia en la aplicación de sus normas para que, por medio de la persistencia, puedan desarrollar un carácter moral.

El carácter está formado de **empatía**, comprensión de los sentimientos del otro; **autocontrol**, controla sus impulsos y elige correctamente, evitando el peligro; **respeto**, trata a los demás con consideración y valor; **tolerancia**, aprecia las diferencias de los otros con una actitud de apertura y aceptación; y **simpatía**, demuestra afecto hacia los demás dejando a un lado su egoísmo.

La mejor noticia es que el buen carácter puede ser aprendido y pueden iniciar su construcción desde que los niños tienen dos años. Aunque a esta edad todavía no tengan las capacidades cognitivas para manejar razonamientos morales complejos, sí pueden empezar a adquirir hábitos de carácter muy simples como el autocontrol, el respeto, la empatía y el compartir. Aún más, la investigación sobre formación del carácter demuestra que bebés de seis meses de edad ya manifiestan empatía hacia los otros. El error más común de los padres es esperar hasta que sus hijos tengan seis o siete años para cultivar sus cualidades morales y de carácter. El peligro es el riesgo de que los niños adquieran e incrementen hábitos negativos y destructivos que serán más difíciles de cambiar.

La formación del carácter empieza a ser conquistado en el hogar. El ejemplo de los padres modela las virtudes esenciales de la moral. Por tanto, es en el hogar donde el niño empieza a cultivar su inteligencia moral y su formación del carácter y, por ello, necesita modelos sólidos, como sus padres, para que pueda crecer y desarrollar al máximo sus capacidades cognitivas e intelectuales, físicas, emocionales, éticas y morales.

Bibliografía

Abrams, Douglas, "Father nature: The making of the modern dad", en *Psychology Today*, vol. 35, núm. 2, EUA, 2002, pp. 38-47.

Barnet, A. y R. Barnet, *The youngest minds*, Simon & Schuster, Nueva York, 1998.

Barnet, R. C., *She works, he works: How two income families are happy, healthy and thriving*, Harvard University Press, Cambridge, Mass., 1998.

Damasio, Antonio, *The feeling of what happens. Body and emotion in the making of consciousness*, Harcourt, San Diego, Cal., 1999.

Drucker, Peter F., *Los desafíos de la administración en el siglo XXI*, Sudamericana, Buenos Aires, 1999.

Eggebeen, David, "Does Fatherhood matter for men", en *Journal of Marriage and Family*, núm. 63, mayo, EUA, 2001, pp. 381-393.

Elkind, David, *The hurried child. Growing up too fast too soon*, Addison Wesley, Nueva York, 1998.

Friel, J. C., *The seven worst things (good) parents do*, Health Communications, Deerfiel Beach, Florida, 1999.

Goldberg, Elkhonon, *The executive brain, Frontal lobes and the civilized mind*, Oxford University Press, Nueva York, 2001.

Goleman, Daniel, *Emotional Intelligence*, Bantam, Nueva York, 1995.

Jensen, Eric, *Different brains, different learners*, The Brain Store, San Diego, Cal., 2000.

Kubey, Robert, "Television Addiction is no mere metaphor", en *Scientific American*, febrero, EUA, 2002, pp. 62-68.

Lickona, Thomas, *Raising good children. From birth through the teenage years*, Bantam Books, Nueva York, 1983.

MacLean, P., *The Triune Brain in Education*, Plenum Press, Nueva York, 1990.

Marañón, Gregorio, *Obras Completas*, t. VIII, Ensayos, Espasa-Calpe, Madrid, 1972.

McNally, David, *Even eagles need a push*, A Dell Trade Paperback, Nueva York, 1990.

Piaget, Jean, *The construction of reality in the child*, Basic Books, Nueva York, 1954.

Rojas, Enrique, *El hombre light*, Temas de hoy, Madrid, 1998.

Sylwester, Robert, *A biological brain in a cultural classroom. Applying Biological Research to Classroom Management*, Corwin Press, Thousand Oaks, Cal., 2000.

___ , "The neurobiology of self-esteem and aggression", en *Educational Leadership*, febrero, 1997, pp. 75-79.

Timmer, S., "How children use time", en F. Juster (ed.), *Time, goods, and well-being*, Institute for Social Research, Ann Arbor, MI., 1995.

Índice analítico

111

La publicación de esta obra la realizó
Editorial Trillas, S. A. de C. V.

División Administrativa, Av. Río Churubusco 385,
Col. Pedro María Anaya, C. P. 03340, México, D. F.
Tel. 56884233, FAX 56041364

División Comercial, Calz. de la Viga 1132, C. P. 09439
México, D. F. Tel. 56330995, FAX 56330870

Esta obra se terminó de imprimir y encuadernar
el 4 de julio de 2005,
en los talleres de Printing Press Logics, S. A. de C. V.
BM2 100 EW